PARAMAHANSA YOGANANDA
(1893 — 1952)

UITSPRAKEN VAN
PARAMAHANSA YOGANANDA

OVER DIT BOEK: Deze verzameling van uitspraken, anekdotes en woorden van wijsheid van Paramahansa Yogananda werd in 1952 kort na zijn overlijden voor het eerst door Self-Realization Fellowship uitgegeven onder de titel *The Master said*. Het boek werd samengesteld en gedrukt door leden van de door Paramahansa Yogananda gestichte religieuze orde van Self-Realization Fellowship. Sindsdien is het boek onafgebroken in druk gebleven. We zijn de vele leerlingen dankbaar die hun dierbare herinneringen aan persoonlijke gesprekken en ervaringen met Paramahansa Yogananda in dit boek met ons hebben gedeeld.

Oorspronkelijke titel in het Engels uitgegeven door
Self-Realization Fellowship, Los Angeles (Californië):
Sayings of Paramahansa Yogananda

ISBN-13: 978-0-87612-115-3
ISBN-10: 0-87612-115-6

Vertaald in het Nederlands door Self-Realization Fellowship.
Copyright © 2016 Self-Realization Fellowship

Alle rechten voorbehouden. Afgezien van korte citaten in boekrecensies mag geen enkel deel van *Uitspraken van Paramahansa Yogananda (Sayings of Paramahansa Yogananda)* worden herdrukt, opgeslagen, overgedragen of in andere vorm zichtbaar gemaakt, noch door andere middelen (electronisch, mechanisch, of anderszins) nu bekend of in de toekomst mogelijk gemaakt (inclusief fotocopie, geluidsdrager, of een andere manier van informatie-opslag en toegangssysteem) zonder vooraf schriftelijke toestemming verkregen te hebben van Self-Realization Fellowship, 3880 San Rafael Avenue, Los Angeles, California 90065-3219, U.S.A.

 Geautoriseerd door de International Publications Council van
SELF-REALIZATION FELLOWSHIP

Self-Realization Fellowship is gesticht door Paramahansa Yogananda voor de wereldwijde verspreiding van zijn leer. De naam en het embleem van Self-Realization Fellowship (zie hierboven) zijn te vinden op alle boeken, opnames en andere uitgaven van SRF. Hierdoor kunt u er zeker van zijn dat een werk is uitgegeven door de organisatie die door Paramahansa Yogananda is opgericht en dat het zijn leer nauwgezet doorgeeft.

Eerste uitgave in het Nederlands door Self-Realization Fellowship, 2016
First edition in Dutch from *Self-Realization Fellowship*, 2016

Deze uitgave 2016
This printing 2016

ISBN-13: 978-0-87612-727-8
ISBN-10: 0-87612-727-8

1222-J3314

INHOUDSOPGAVE

Voorwoord ....*viii*
Uitspraken van Paramahansa Yogananda................................... 1
Paramahansa Yogananda: Een yogi in leven en dood.......... 109
Doelstellingen en idealen van Self-Realization Fellowship..... 110
Verklarende woordenlijst 114

ILLUSTRATIES

Foto's:

Op SRF Convocation, Beverly Hills, Californië, 1949 21
In meditatie, Dihika, India, 1935 33
Bij de Self-Realization tempel, San Diego, Californië, 1949....... 46
Met Lt. Governor Goodwin J. Knight,
    inwijding van SRF India Hall,
    Hollywood, Californië, 1951 60
Met Uday en Amala Shankar in het Self-Realization
    Ashram Centrum, Encinitas, Californië, 1950............... 60
Sprekend in Self-Realization Lake Shrine,
    Pacific Palisades, Californië, 1950................................... 77
Internationaal Hoofdkwartier van Self-Realization
    Fellowship, Los Angeles, Californië 92

DE SPIRITUELE ERFENIS VAN PARAMAHANSA YOGANANDA

Meer dan een eeuw na zijn geboorte wordt Paramahansa Yogananda erkend als een van de meest vooraanstaande spirituele personen van onze tijd; en de invloed van zijn leven en werk groeit door. Veel spirituele en filosofische denkbeelden en methodes die hij tientallen jaren geleden heeft geïntroduceerd worden nu toegepast in het onderwijs, de psychologie, de zakenwereld, de geneeskunde en op andere terreinen. Hiermee leveren ze een belangrijke bijdrage aan een meer geïntegreerde, menswaardige en spirituele visie op het menselijk leven.

Dat de leer van Paramahansa Yogananda wordt bestudeerd en op veel verschillende terreinen op creatieve wijze wordt toegepast, ook door vertegenwoordigers van diverse filosofische en metafysische bewegingen, wijst op de praktische toepasbaarheid van zijn leer. Maar het maakt ook de noodzaak duidelijk ervan verzekerd te kunnen zijn dat zijn spirituele erfgoed niet na verloop van tijd wordt aangetast, versplinterd of gewijzigd.

De verscheidenheid aan bronnen die informatie geven over Paramahansa Yogananda neemt toe. Lezers vragen soms hoe ze er zeker van kunnen zijn dat een publicatie zijn leven en leer zuiver weergeeft. In antwoord daarop willen we uitleggen dat Sri Yogananda Self-Realization Fellowship in het leven heeft geroepen om zijn leer te verspreiden en om haar zuiverheid en integriteit te bewaren voor toekomstige generaties.[1] De Self-Realization Fellowship Publications Council staat

---

[1] Letterlijk: 'Genootschap tot Zelf-verwerkelijking'. Paramahansa Yogananda legde

De spirituele erfenis van Paramahansa Yogananda

onder leiding van naaste leerlingen die persoonlijk door hem zijn gekozen en opgeleid en die hij specifieke richtlijnen heeft gegeven voor het voorbereiden en uitgeven van zijn lezingen, geschriften, en de Self-Realization Fellowship lessen. De leden van de SRF Publications Council houden deze richtlijnen in ere als een heilige opdracht zodat de universele boodschap van deze geliefde wereldleraar in haar oorspronkelijke kracht en authenticiteit kan voortbestaan.

De naam Self-Realization Fellowship en het SRF embleem (afgebeeld op pagina v) zijn door Sri Yogananda ingesteld om de organisatie die hij heeft opgericht om zijn spirituele en humanitaire werk voort te zetten, herkenbaar te maken. De naam en het embleem zijn te vinden op alle boeken, audio- en video opnames, films en andere uitgaven van Self-Realization Fellowship. Hierdoor weet de lezer dat de uitgave afkomstig is van de organisatie die Paramahansa Yogananda heeft gesticht en dat die zijn leer getrouw weergeeft zoals hij het heeft bedoeld.

                      Self-Realization Fellowship

---

uit dat de naam Self-Realization Fellowship het volgende betekent: "vereniging met God en vriendschap met alle zielen die op zoek zijn naar de Waarheid." Zie ook de verklarende woordenlijst en 'Doelstellingen en idealen van Self-Realization Fellowship' aan het eind van dit boek.

VOORWOORD

Wie mag je met recht een meester noemen? Niet zomaar iedereen is die titel waardig. En het is maar zelden dat er iemand op aarde verschijnt uit dat heilige gezelschap waar de meester uit Galilea naar verwees: "Wie in Mij [het Christusbewustzijn] gelooft, de werken die Ik doe, zal hij ook doen. [2]

Een meester word je door het kleine zelf, ofwel het ego te beteugelen; door alle verlangens uit te bannen op één uitzondering na: het verlangen naar God; door je met hart en ziel te wijden aan Hem; en door diepe meditatie, of vereniging van de ziel met de Universele Geest. Als iemands bewustzijn rotsvast is verankerd in God, de enige Werkelijkheid, mag hij met recht een meester worden genoemd.

Paramahansa Yogananda, de meester wiens woorden liefdevol zijn opgetekend in dit boek, was een wereldleraar. Door te wijzen op de essentiële eenheid van alle grote heilige geschriften, streefde hij ernaar om het Oosten en het Westen te verenigen in de eeuwige band van spiritueel begrip. Door zijn leven en geschriften heeft hij in ontelbare harten de heilige vonk gewekt van liefde voor God. Hij leefde onbevreesd volgens de hoogste spirituele principes en verkondigde de boodschap dat alle devotees van God Hem even lief zijn, ongeacht hun geloofsovertuiging.

Een universitaire opleiding en vele jaren van spirituele

---

[2] Johannes 14:12

training in zijn vaderland India, onder de spartaanse leiding van zijn guru (spiritueel leraar), Swami Sri Yukteswar, bereidden Paramahansa Yogananda voor op zijn missie in het Westen. Hij kwam in 1920 als de Indiase afgevaardigde naar het 'Congress of Religious Liberals' in Boston en bleef meer dan 30 jaar in Amerika (afgezien van een bezoek aan India in 1935-1936).

Hij zette zich met ongekend succes in om in anderen het verlangen te wekken naar een leven gericht op God. In honderden steden werden zijn lezingen over yoga[3] zo druk bezocht dat alle records werden gebroken. Hij heeft persoonlijk 100.000 studenten ingewijd in yoga.

Voor volgelingen die in een religieuze gemeenschap willen leven, stichtte de Meester verscheidene ashrams van Self-Realization Fellowship in het zuiden van Californië. Daar studeren en werken een groot aantal waarheidszoekers die meditatietechnieken beoefenen waarmee de geest tot rust wordt gebracht en het bewustzijn van de ziel wordt gewekt.

Het volgende voorval uit het leven van de Meester in Amerika laat zien hoe hij liefdevol werd ontvangen door mensen met spiritueel onderscheidingsvermogen. Tijdens een rondreis door de Verenigde Staten bezocht hij op zekere dag een christelijk klooster. De broeders die hem ontvingen waren wat verontrust toen ze hem zagen met zijn donkere huid, lange zwarte haren en okerkleurige gewaad - de traditionele dracht van monniken van de swami-orde.[4] Omdat ze hem voor een heiden hielden stonden ze op het punt hem een audiëntie met de abt te weigeren toen deze man zelf de kamer binnenkwam. Stralend en met open armen liep hij naar Paramahansaji[5] toe, omarmde hem en riep uit: "Man van God! Wat fijn dat u gekomen bent."

---

[3] Zie verklarende woordenlijst.
[4] Zie verklarende woordenlijst.
[5] Zie 'ji' in verklarende woordenlijst.

Uitspraken van Paramahansa Yogananda

Dit boek biedt nog meer persoonlijke indrukken van de oneindig veelzijdige aard van de Meester, waar zijn invoelend begrip voor de mens en zijn grenzeloze liefde voor God vanaf stralen.

Voor Self-Realization Fellowship, de organisatie die door Paramahansa Yogananda werd gesticht voor de verspreiding en instandhouding van zijn leer en geschriften, is het een voorrecht en een heilige opdracht deze verzameling van uitspraken van de Meester te publiceren. Dit boek is opgedragen aan zijn wereldwijde familie van leerlingen van Self-Realization Fellowship en aan alle andere waarheidszoekers.

OVER DE AUTEUR

'Het ideaal van liefde voor God en dienstbaarheid aan de mensheid kwam volledig tot uitdrukking in het leven van Paramahansa Yogananda ... Hoewel hij het grootste deel van zijn leven buiten India heeft doorgebracht, behoort hij toch tot onze grote heiligen. Zijn werk groeit door en straalt steeds helderder; het brengt mensen wereldwijd op het pelgrimspad van de ziel.'

Met deze woorden eerde de Indiase regering de stichter van Self-Realization Fellowship/Yogoda Satsanga Society of India bij het uitbrengen van een herdenkingspostzegel ter ere van hem op 7 maart 1977, zijn vijfentwintigste sterfdag.

Paramahansa Yogananda kwam in 1920 naar de Verenigde Staten als afgevaardigde van India naar een Internationaal 'Congress of Religious Liberals'. In 1925 vestigde hij het hoofdkwartier van Self-Realization Fellowship in Los Angeles waar vandaan de gedrukte *Self-Realization Fellowship Lessons* wereldwijd aan studenten worden rondgestuurd. In deze lessen leer je de wetenschap van Kriyayoga meditatie en de kunst van spiritueel leven. In deze leer ligt de nadruk op de evenwichtige ontwikkeling van lichaam, geest en ziel; het doel is directe persoonlijke ervaring van God.

'Paramahansa Yogananda heeft niet alleen India's tijdloze belofte van Godrealisatie naar het Westen gebracht, maar ook een praktische methode waarmee waarheidszoekers ongeacht hun achtergrond snel vorderingen kunnen maken' schreef Dr. Quincy Howe jr., hoogleraar Oude Talen aan het Scripps College. 'Aanvankelijk werd de spirituele erfenis van India in

Uitspraken van Paramahansa Yogananda

het Westen alleen op een heel verheven, abstract niveau gewaardeerd. Nu kan iedereen die God niet in het hiernamaals, maar in het hier en nu wil leren kennen, deze aloude leer zelf toepassen en ervaren ... Yogananda heeft de meest hoogstaande methoden van contemplatie binnen het bereik van alle mensen gebracht.'

Tegenwoordig wordt het spirituele en humanitaire werk waarmee Paramahansa Yogananda is begonnen, voortgezet onder leiding van Sri Mrinalini Mata, een van zijn naaste leerlingen. Zij is president van Self-Realization Fellowship. Het levensverhaal van Paramahansa Yogananda wordt verteld in zijn *Autobiografie van een yogi*.

UITSPRAKEN VAN
PARAMAHANSA YOGANANDA

UITSPRAKEN VAN PARAMAHANSA YOGANANDA

"Meester, wat kan ik doen om God te vinden?" vroeg een student. De Meester zei: "Gebruik elk vrij moment om je geest volledig op te laten gaan in de oneindige gedachte aan Hem. Praat vertrouwelijk met Hem; Hij is dierbaarder dan allen die je dierbaar zijn. Hij is je vertrouwder dan allen die je het meest vertrouwd zijn. Houd van Hem zoals een gierigaard houdt van geld, zoals een hartstochtelijke man houdt van zijn geliefde, zoals een drenkeling snakt naar adem. Als je intens naar God verlangt, zal Hij bij je komen."

• • •

Een student beklaagde zich bij de Meester dat hij geen werk kon vinden. De guru[1] zei: "Laat die destructieve gedachte los. Als deel van het universum heb je er een essentiële plaats in. Schud desnoods de wereld door elkaar om werk te vinden. Geef niet op en je zult slagen."

• • •

---
[1] Zie verklarende woordenlijst.

Uitspraken van Paramahansa Yogananda

"Ik zou willen dat ik vertrouwen had, Meester" zei een man. Paramahansaji antwoordde: "Vertrouwen moet worden ontwikkeld, of liever gezegd, binnenin ons worden ontdekt. Het is aanwezig, maar het moet tevoorschijn worden gebracht. Als je naar je leven kijkt zul je de ontelbare manieren herkennen waarop God erin werkzaam is; zo zal je vertrouwen gesterkt worden. De meeste mensen zoeken niet naar Zijn verborgen hand, ze beschouwen de loop van de gebeurtenissen als natuurlijk en onvermijdelijk. Ze hebben geen idee wat voor radicale veranderingen mogelijk zijn door gebed!"

• • •

Een leerling voelde zich beledigd door elke opmerking over haar tekortkomingen. Op zekere dag zei Paramahansaji: "Waarom zou je er bezwaar tegen hebben gecorrigeerd te worden? Daarvoor ben ik toch hier? Mijn guru wees mij vaak terecht waar anderen bij waren. Ik had daar geen probleem mee, omdat ik wist dat Sri Yukteswar mijn onwetendheid probeerde uit te bannen. Nu reageer ik niet meer gevoelig op kritiek; ik heb geen zieke plekken meer die pijn doen als ze door iemand worden geraakt. Daarom vertel ik je zonder omwegen wat je tekortkomingen zijn. Als je de overgevoeligheden in je geest niet geneest, zul je elke keer in elkaar krimpen als ze door anderen worden aangeraakt."

• • •

De Meester zei tegen een groep leerlingen: "God heeft dit bezoek aan de aarde voor ons geregeld, maar de meesten

Uitspraken van Paramahansa Yogananda

van ons worden ongewenste gasten omdat we ons bepaalde dingen volledig toe-eigenen. We vergeten de tijdelijke aard van ons verblijf en raken gehecht aan allerlei zaken: 'mijn huis', 'mijn werk', 'mijn geld', 'mijn gezin'. Maar wanneer ons visum voor de aarde verloopt, verdwijnen al onze menselijke banden. We zijn gedwongen om alles wat we dachten te bezitten achter te laten. De Enige die ons overal vergezelt is onze Eeuwige Verwant, God. Besef nu dat je de ziel bent en niet het lichaam. Waarom zou je wachten tot de dood je deze les hardhandig leert?"

• • •

De Meester had een leerling terecht moeten wijzen omdat deze een ernstige fout had gemaakt. Later verzuchtte hij: "Ik wil anderen alleen door liefde beïnvloeden. Ik voel mijn energie uit me wegvloeien als ik gedwongen ben ze op andere manieren te trainen."

• • •

In een discussie over ingewikkelde filosofische problemen probeerde een arrogante intellectueel de Meester in verwarring te brengen. Paramahansaji zei glimlachend: "De waarheid is nooit bang voor vragen."

• • •

"Ik zit te zeer gevangen in mijn fouten om spirituele vooruitgang te kunnen boeken" vertrouwde een van zijn studenten Paramahansaji verdrietig toe. "Mijn slechte gewoonten zijn zo sterk dat ik uitgeput ben door mijn pogingen ze te bestrijden."

"Zul je morgen beter in staat zijn ze te bestrijden dan vandaag?" vroeg de Meester. "Waarom zou je de fouten van vandaag op die van gisteren stapelen? Ooit zul je je een keer tot God moeten keren, dus is het dan niet beter het nu te doen? Geef jezelf gewoon aan Hem en zeg: 'God, goed of slecht, ik ben Uw kind. U moet voor me zorgen.' Als je het blijft proberen, zul je vooruitgaan. 'Een heilige is een zondaar die niet heeft opgegeven.'"

• • •

"Zonder innerlijke vreugde, zoekt de mens het kwade op" zei de Meester. "Mediteren op de God van gelukzaligheid vervult ons met goedheid."

• • •

"Lichaam, geest en ziel zijn met elkaar verbonden" zei de Meester. "Je hebt de plicht tegenover het lichaam om het gezond te houden; de plicht tegenover de geest om zijn vermogens te ontwikkelen; en de plicht tegenover de ziel om dagelijks te mediteren op de bron van je wezen. Als je je plicht tegenover de ziel vervult, zullen lichaam en geest er ook baat bij hebben; maar als je de ziel verwaarloost, zullen lichaam en geest er uiteindelijk ook onder lijden."

• • •

Uitspraken van Paramahansa Yogananda

"Alles in de schepping heeft zijn individualiteit" zei de Meester. "God herhaalt Zichzelf nooit. Zo zijn er ook in het zoeken van de mens naar God oneindige variaties in benadering en expressie. De romance van iedere devotee met God is uniek."

• • •

"Helpt uw training studenten in vrede met zichzelf te leven?" vroeg een bezoeker. Paramahansaji antwoordde: "Ja, maar dat is niet de kern van mijn leer. Het belangrijkste is in vrede met God te leven."

• • •

Een bezoeker aan de hermitage sprak zijn twijfel uit over de onsterfelijkheid van de mens. De Meester zei: "Probeer je te realiseren dat je een goddelijke reiziger bent. Je bent hier maar even en vertrekt dan naar een heel andere, fascinerende wereld.[2] Beperk je denken niet tot één kort leven en één kleine aarde. Herinner je de onmetelijkheid van de Geest die in je woont."

• • •

"De mens en de natuur zijn onlosmakelijk met elkaar verbonden in een gemeenschappelijke bestemming" zei de Meester. "De natuurkrachten werken samen om de mens te dienen – de zon, de aarde, de wind, de regen helpen

---
[2] Zie 'astrale werelden' in de verklarende woordenlijst.

bij het produceren van zijn voedsel. De mens geeft richting aan de natuur, ook al is hij zich daar meestal niet van bewust. Overstromingen, tornado's, aardbevingen en alle andere natuurrampen zijn het gevolg van talloze verkeerde gedachten van mensen. Elke bloem langs de kant van de weg is een uitdrukking van iemands glimlach, elke mug een belichaming van een venijnige opmerking. De natuur is onze dienaar die in opstand komt en onhandelbaar wordt als de Meester van de schepping slaapt. Hoe meer de mens spiritueel ontwaakt, des te makkelijker zal hij de natuur kunnen beheersen."

• • •

"Melk vermengt zich met water, maar boter, die uit melk wordt gekarnd, blijft op het water drijven" zei de Meester. "Zo wordt de melk van het bewustzijn van gewone mensen ook makkelijk verdund door het water van de illusie.[3] Een mens met spirituele zelfdiscipline karnt de melk van zijn geest tot de boter-fase van goddelijke stabiliteit is bereikt. Bevrijd van aardse verlangens en gehechtheden is hij in staat sereen te drijven op de wateren van het wereldse leven, met zijn aandacht steeds bij God."

• • •

Toen een student ziek werd raadde Paramahansaji haar aan een arts te raadplegen. Een leerling vroeg: "Meester, waarom

---

[3] Zie '*maya*' in de verklarende woordenlijst.

hebt u haar niet zelf genezen?" "Zij die van God het vermogen hebben ontvangen anderen te genezen gebruiken dit alleen als Hij daartoe opdracht geeft" antwoordde de guru. "De Heer weet dat het soms nodig is dat Zijn kinderen lijden. Mensen die goddelijke genezing willen ontvangen, moeten bereid zijn naar Gods wetten te leven. Blijvende genezing is niet mogelijk als iemand dezelfde fouten blijft maken en hierdoor de terugkeer van de ziekte uitlokt."

"Alleen spiritueel begrip kan echte genezing brengen." "De onwetendheid van de mens over zijn ware aard, zijn ziel, is de wortel van alle kwaad: fysiek, materieel en geestelijk."

• • •

"Meester, ik merk geen vooruitgang in mijn meditaties. Ik zie en hoor niets" zei een student. De Meester antwoordde: "Zoek God om Hemzelf. De hoogste ervaring is Hem te voelen als de vreugde die opwelt uit de oneindige diepten in jezelf. Verlang niet naar visioenen, spirituele verschijnselen of spannende ervaringen. Het pad naar God is geen circus!"

• • •

"Het hele universum bestaat uit Geest" zei de Meester tegen een groep leerlingen. "Een ster, een steen, een boom en een mens bestaan allemaal uit de Enige Substantie, God. Om een gevarieerde schepping te laten ontstaan moest God alles de schijn van individualiteit geven.

Het aardse schouwspel zou ons gauw gaan vervelen als we zouden zien dat er maar Eén Persoon is die het toneelstuk produceert, het script schrijft, de decors maakt, de acteurs regisseert en alle rollen speelt. Maar 'the show must go on'; daarom heeft de Meester-toneelschrijver door de hele kosmos heen een onvoorstelbare vindingrijkheid en een onuitputtelijke diversiteit tot uitdrukking gebracht. Aan alles wat niet echt is heeft hij de schijn van echtheid gegeven."

"Meester, waarom moet de show doorgaan?" vroeg een leerling. "Het is Gods *lila*, spel of tijdverdrijf" antwoordde de guru. Hij heeft het recht om Zichzelf te delen in velen als Hij dat wil. De bedoeling van dit alles is dat de mens deze truc leert doorzien. Als God Zichzelf niet zou verbergen achter de sluiers van *maya* zou het kosmische spel van de schepping niet mogelijk zijn. We mogen verstoppertje met Hem spelen, proberen Hem te vinden en de Hoofdprijs winnen."

• • •

Tegen een groep leerlingen zei de Meester: "Al had ik niets, ik weet dat ik in jullie vrienden heb die alles voor me zouden doen. En jullie weten dat je in mij een vriend hebt die jullie op alle mogelijke manieren zal helpen. We kijken naar God in elkaar. Het is de mooiste relatie die er is."

• • •

De Meester drong er gewoonlijk op aan dat de leerlingen om hem heen stil waren. Hij legde uit: "Uit de diepte van de stilte schiet de geyser van Gods vreugde ononderbroken omhoog en stroomt over het wezen van de mens."

Uitspraken van Paramahansa Yogananda

• • •

Leerlingen vonden het een voorrecht de guru, die onophoudelijk werkte voor hun welzijn, een dienst te kunnen bewijzen. Tegen een groep leerlingen die iets voor hem hadden gedaan zei hij: "Jullie zijn allemaal zo goed voor me met al jullie attenties." "O nee! U bent het die goed is voor ons, Meester" riep een leerling uit. "God helpt God" zei Paramahansaji met zijn innemende glimlach. "Dat is de plot van Zijn schouwspel van het leven."

• • •

"Geef alle verlangens op; ontdoe je van je ego – dat klinkt allemaal zo negatief, Meester" zei een student. "Als ik zoveel opgeef, wat hou ik dan nog over?" "Eigenlijk alles, want je zult rijk zijn in de Geest, de Universele Substantie" antwoordde de Meester. "Je bent dan geen verdwaasde bedelaar meer, die genoegen neemt met een korst brood en wat lichamelijk comfort. Je zult je stralende plaats als zoon van de Oneindige Vader weer innemen. Dat is absoluut niet negatief."

Hij voegde eraan toe: "Als je het ego verbant, krijgt je echte Zelf de kans om te stralen. Zelfrealisatie is niet uit te leggen omdat het met niets te vergelijken is."

• • •

Om de Drie-eenheid uit te leggen aan een groep leerlingen gebruikte de Meester de volgende vergelijking: "Je kunt zeggen dat God de Vader die bestaat in de trillingloze leegte achter de wereld van de verschijnselen, het Kapitaal vormt dat de schepping in stand houdt. De Zoon, het Christusbewustzijn dat overal in het heelal aanwezig is, is het Bestuur. En de Heilige Geest, de onzichtbare goddelijke trillingsenergie die alle vormen in de kosmos voortbrengt, is de Arbeid." [4]

• • •

"Meester, u hebt ons geleerd niet te bidden om materiële dingen, maar alleen te verlangen dat God zich aan ons openbaart. Moeten we Hem dan nooit vragen om te voorzien in een bepaalde behoefte?" vroeg een leerling. "Het is niet verkeerd God te vertellen dat we iets willen" antwoordde Paramahansaji "maar het toont meer vertrouwen als we alleen maar zeggen: 'Hemelse Vader, ik weet dat U elke behoefte kent die ik ooit zal hebben. Onderhoud mij naar Uw wil.' Als iemand bijvoorbeeld heel graag een auto wil en er intens genoeg om bidt zal hij hem krijgen. Maar die auto is misschien niet het beste voor hem. Soms verhoort God onze kleine gebeden niet juist omdat Hij ons iets veel mooiers wil schenken."

Hij voegde hieraan toe: "Vertrouw meer op God. Geloof dat Hij die je heeft geschapen ook voor je zal zorgen."

• • •

---

[4] Zie 'Sat-Tat-Aum' in de verklarende woordenlijst.

Een leerling die vond dat hij had gefaald in een moeilijke spirituele test sprak laatdunkend over zichzelf. De Meester zei: "Zie jezelf niet als een zondaar. Daarmee ontheilig je het beeld van God in jezelf. Waarom zou je je identificeren met je zwakheden? Je kunt beter deze waarheid als affirmatie gebruiken: 'Ik ben een kind van God.' Bid tot Hem: 'Goed of slecht, ik ben Uw kind. Maak mijn herinnering aan U wakker, Hemelse Vader!'"

• • •

"Ik denk vaak dat God de mensen vergeet" zei een bezoeker aan de Hermitage in Encinitas.[5] "God bewaart in elk geval afstand." "Het is de mens die afstand bewaart" antwoordde de Meester. "Wie zoekt God? In de meeste mensen is de tempel van hun aandacht gevuld met de afgoden van rusteloze gedachten en verlangens; God wordt genegeerd. En toch stuurt Hij van tijd tot tijd Zijn verlichte kinderen om de mens te herinneren aan zijn goddelijk erfdeel. God laat ons nooit in de steek. In stilte werkt Hij om Zijn geliefde kinderen op alle mogelijke manieren te helpen en hun spirituele vooruitgang te versnellen."

• • •

Tegen een jonge devotee die hem om advies vroeg, zei de Meester: "De wereld kweekt slechte gewoonten in je, maar de wereld neemt geen verantwoordelijkheid voor de

---

[5] Encinitas is een kleine stad aan de kust in Zuid-Californië. Daar bevindt zich een Ashramcentrum van SRF dat Yoganandaji er in 1937 heeft gevestigd.

Uitspraken van Paramahansa Yogananda

fouten die je maakt als gevolg van die slechte gewoonten. Waarom zou je dan al je tijd geven aan zo'n onbetrouwbare vriend: de wereld? Maak een uur per dag vrij voor wetenschappelijke verkenning van je ziel. Is God, die je je leven, je familie, je geld en al het andere heeft geschonken, niet een vierentwintigste deel van je tijd waard?"

• • •

"Meester, waarom drijven sommige mensen de spot met heiligen?" vroeg een leerling. De Meester antwoordde: "Boosdoeners hebben een hekel aan de waarheid en wereldse mensen zijn tevreden met de wisselvalligheden van het leven. Beiden willen niet veranderen; daarom voelen ze zich ongemakkelijk bij de gedachte aan een heilige. Je kunt hen vergelijken met iemand die jarenlang in een donkere kamer heeft geleefd. Er komt iemand binnen die het licht aandoet. Voor de halfblinde man lijkt deze plotselinge schittering onnatuurlijk."

• • •

Over rassendiscriminatie zei de Meester op een keer: "God is er niet blij mee wanneer Hij wordt beledigd omdat Hij een donker pak aan heeft."

• • •

"We moeten ons niet bang laten maken door de nachtmerries van het lijden, maar ook niet al te opgetogen raken over de dromen van mooie ervaringen" zei de Meester.

Uitspraken van Paramahansa Yogananda

"Als we ons blijven bezighouden met deze onvermijdelijke dualiteiten of 'tegenpolen' van *maya*, verliezen we de gedachte aan God, de Onveranderlijke Gelukzaligheid. Als we in Hem ontwaken zullen we beseffen dat het sterfelijke leven niet meer is dan een spel van licht en donker, geprojecteerd op een kosmisch filmscherm."

• • •

"Ik probeer mijn geest tot rust te brengen, maar ik mis de kracht rusteloze gedachten te verdrijven en door te dringen tot de wereld binnen in mezelf" zei een bezoeker. "Ik denk dat ik niet genoeg devotie heb." "Als je in stilte gaat zitten en probeert devotie te voelen levert dat vaak niets op" zei de Meester. "Daarom geef ik je wetenschappelijke meditatietechnieken. Pas ze toe en je zult je geest vrij kunnen maken van zintuigelijke prikkels en van de anders onophoudelijke gedachtenstroom."

Hij voegde er aan toe: "Door Kriyayoga[6] functioneert het bewustzijn van de mens op een hoger niveau; devotie voor de Oneindige Geest welt dan spontaan op in zijn hart."

• • •

Sri Yoganandaji beschreef de toestand van 'inactiviteit', waarnaar verwezen wordt in de *Bhagavadgita*,[7] als volgt: "Wanneer een echte yogi een handeling verricht is dat karmisch gezien als schrijven op water. Het laat geen sporen

---
[6] Zie verklarende woordenlijst.
[7] Zie verklarende woordenlijst.

na."[8]

• • •

Een student had moeite zich voor te stellen dat God aanwezig is in het menselijk lichaam. De Meester zei: "Zoals roodgloeiende kolen de aanwezigheid van vuur verraden, zo verraadt het wonderbaarlijke mechanisme van het lichaam de causale aanwezigheid van de Geest."

• • •

"Sommige mensen vinden dat iemand die geen grote beproevingen doorstaat geen heilige kan zijn. Anderen beweren dat iemand met Zelfrealisatie vrij zou moeten zijn van alle lijden" zei de Meester in een voordracht. "Het leven van alle Meesters volgt een bepaald onzichtbaar patroon. St. Fransiscus werd geplaagd door ziektes; Christus, die volledig bevrijd was, liet toe dat hij gekruisigd werd. Andere grote heiligen, zoals St. Thomas van Aquino en Lahiri Mahasaya[9] leefden een leven zonder vreselijke stress of tragedie. Heiligen bereiken de uiteindelijke verlossing vanuit heel verschillende achtergronden. Echte wijzen laten zien dat ze, ongeacht de uiterlijke omstandigheden, in

---

[8] Dat wil zeggen: er wordt geen karma opgebouwd. Alleen een Meester is vrij – niet gebonden door karma (de onverbiddelijke kosmische wet waardoor niet-verlichte mensen verantwoordelijk zijn voor hun gedachten en handelingen). Toen hij Arjuna aanspoorde te vechten op het slagveld verzekerde Krishna hem dat Arjuna geen karma op zich zou laden als hij zou handelen als vertegenwoordiger van God, zonder egobewustzijn.

[9] Zie verklarende woordenlijst.

Uitspraken van Paramahansa Yogananda

staat zijn het beeld van God in zichzelf te weerspiegelen. Ze spelen de rol die God hen vraagt te spelen, of die nu overeenkomt met wat de mensen vinden of niet."

• • •

Een jonge bewoner van de hermitage haalde graag streken uit. Voor hem was het leven één grote komedie. Alhoewel vaak welkom, maakte zijn vrolijkheid soms dat andere devotees hun gedachten niet stil en aandachtig op God gericht konden houden. Op zekere dag gaf Paramahansaji de jongen een standje. "Je moet serieuzer worden" zei hij. "Ja Meester" antwoordde de leerling die oprecht spijt had van zijn rusteloosheid. "Maar het is zo'n hardnekkige gewoonte. Hoe kan ik veranderen zonder Uw zegen?" De guru verzekerde hem plechtig: "Mijn zegen heb je. Gods zegen heb je. Alleen jouw zegen is nog nodig."

• • •

"God begrijpt je wanneer niemand anders je begrijpt" zei de Meester. "Hij is de Geliefde die altijd van je houdt wat je fouten ook zijn. Anderen geven je een poosje hun genegenheid en laten je dan in de steek; maar Hij zal je nooit verlaten. Elke dag zoekt God op allerlei manieren je liefde. Hij straft je niet als je Hem afwijst, maar je straft jezelf. Je zult zien dat 'alles je zal verraden als je Mij verraadt.'"[10]

• • •

---
[10] Uit *De hemelse jachthond* van Francis Thompson.

Uitspraken van Paramahansa Yogananda

"Meester, bent u een voorstander van kerkelijke ceremonies?" vroeg een student. De Meester antwoordde: "Religieuze riten kunnen een mens helpen te denken aan God, zijn Oneindige Schepper. Maar als er teveel ritueel is, vergeet iedereen waar het om gaat."

• • •

"Wat is God?" vroeg een student. "God is Eeuwige Gelukzaligheid" antwoordde de Meester. "Zijn wezen is liefde, wijsheid en vreugde. Hij is zowel persoonlijk als onpersoonlijk en manifesteert Zich op welke manier Hij maar wil. Aan Zijn heiligen verschijnt Hij in de vorm die hen het meest dierbaar is: een christen ziet Christus, een hindoe ziet Krishna[11] of de Goddelijke Moeder,[12] enzovoort. Mensen die een onpersoonlijke God aanbidden worden zich bewust van God als een oneindig Licht of als de wonderbare *Aum*-klank,[13] het oorspronkelijke Woord, de Heilige Geest.

De hoogste ervaring die een mens kan hebben is de Gelukzaligheid te voelen waarin elk ander aspect van Goddelijkheid - liefde, wijsheid, onsterfelijkheid - volledig besloten ligt. Maar hoe kan ik het wezen van God met woorden aan je overbrengen? Hij is onzegbaar, onbeschrijflijk. Alleen in diepe meditatie zul je Zijn unieke essentie kennen."

---

[11] Zie verklarende woordenlijst.
[12] Zie verklarende woordenlijst.
[13] Zie verklarende woordenlijst.

Uitspraken van Paramahansa Yogananda

• • •

Na een gesprek met een egocentrische bezoeker zei de Meester: "De regens van Gods genade kunnen zich niet verzamelen op bergtoppen van trots, maar stromen vanzelf samen in de dalen van nederigheid."

• • •

Telkens wanneer de Meester een bepaalde leerling zag die erg intellectueel aangelegd was, zei hij: "Ontwikkel devotie! Denk aan de woorden van Jezus: 'U hebt deze dingen verborgen voor de wijzen en geleerden, maar hebt ze geopenbaard aan kleine kinderen.'"[14]

Vlak voor kerstmis 1951 bezocht deze leerling de Meester in zijn retreat in de woestijn. Op een tafel lag wat speelgoed bedoeld om cadeau te geven. Met kinderlijk genoegen speelde Paramahansaji er een tijdje mee en vroeg toen aan de jongeman: "Wat vind je ervan?" De leerling was nog niet helemaal bekomen van zijn verbazing, maar zei lachend: "Ze zijn leuk, Meester." De Meester glimlachte en citeerde: 'Laat de kinderen tot me komen want aan hen behoort het Koninkrijk Gods.'"[15]

• • •

Een student twijfelde aan zijn spirituele doorzettingsvermogen. Om hem te bemoedigen zei Paramahansaji: "God

---

[14] Matteus 11:25
[15] Lucas 18:16

is niet ver weg, Hij is dichtbij. Ik zie Hem overal." "Ja, maar U bent een Meester!" protesteerde de man. "Alle zielen zijn gelijk" antwoordde de guru. "Het enige verschil tussen jou en mij is dat ik me heb ingezet. Ik heb God laten zien dat ik van Hem houd en Hij is bij me gekomen. Liefde is de magneet waar God niet aan kan ontsnappen."

• • •

"U noemt uw tempel in Hollywood een 'kerk van alle religies'. Waarom benadrukt u dan speciaal het christendom?" vroeg een bezoeker. "Het is de wens van Babaji[16] dat ik het zo doe" zei de Meester. "Hij heeft me gevraagd de Bijbel van het christendom en die van het hindoeïsme [*Bhagavadgita*] uit te leggen, om de onderliggende eenheid tussen de christelijke en vedische[17] geschriften aan te tonen. Hij heeft me naar het Westen gestuurd om die missie te vervullen."

• • •

"Een zonde" zei de Meester "is alles dat een mens verhindert God te kennen."

• • •

"Meester" vroeg een leerling "hoe kon Jezus water veranderen in wijn?" Sri Yogananda antwoordde: "Het

---

[16] Zie verklarende woordenlijst.
[17] Zie *Veda's* in de verklarende woordenlijst.

Uitspraken van Paramahansa Yogananda

universum is het gevolg van een spel van licht: trillingen van levensenergie. De schepping wordt als filmscènes op een bioscoopscherm geprojecteerd en zichtbaar gemaakt via lichtbundels. Christus nam de kosmische essentie waar als licht; in zijn ogen was er geen wezenlijk verschil tussen de lichtstralen die water vormen en de lichtstralen die wijn vormen. Net zoals God in den beginne [18] was Jezus in staat de trillingen van levensenergie opdracht te geven verschillende vormen aan te nemen.

Iedereen die het misleidende rijk van relativiteit en dualiteit achter zich laat, gaat de werkelijke wereld van Eenheid binnen. Hij wordt één met de Alomtegenwoordigheid, zoals Christus zei: 'Wie in Mij gelooft [wie het Christusbewustzijn kent], zal ook zelf de werken doen die Ik doe. Ja, grotere dan die zal hij doen, omdat Ik naar de Vader ga. [omdat ik spoedig terugkeer naar het Allerhoogste, de trillingloze absolute Werkelijkheid voorbij de schepping, voorbij alle verschijnselen].'" [19]

• • •

"Gelooft u niet in het huwelijk, Meester?" vroeg een student. "U spreekt vaak alsof u er tegen bent." Paramahansaji antwoordde: "Voor degenen die in hun hart geen wereldse verlangens hebben maar intens zoeken naar God, de Eeuwige Geliefde, is het huwelijk onnodig en een belemmering. Maar normaal gesproken ben ik niet tegen

---

[18] 'Laat er licht zijn! En er was licht.' (Genesis 1:3)
[19] Johannes 14:12. Zie 'Sat-Tat-Aum' in de verklarende woordenlijst.

het ware huwelijk. Als twee mensen een verbintenis aangaan voor het leven om elkaar te helpen op hun weg naar Zelfrealisatie vestigen ze hun huwelijk op het juiste fundament: onvoorwaardelijke vriendschap. De vrouw laat zich voornamelijk leiden door het gevoel, de man door het verstand. Het doel van het huwelijk is deze kwaliteiten in evenwicht te brengen.

Er zijn tegenwoordig niet veel echte zielsverbintenissen, omdat jonge mensen weinig spirituele training krijgen. Omdat ze emotioneel onvolwassen en onevenwichtig zijn, worden ze gewoonlijk beïnvloed door vluchtige seksuele aantrekkingskracht of wereldse overwegingen die voorbij gaan aan het hogere doel van het huwelijk. Hij voegde hieraan toe:

"Ik zeg vaak: 'Zet je schreden eerst zo stevig op het goddelijke pad dat je er niet van af te brengen bent; als je dan wilt trouwen, zul je geen vergissing begaan.'"

• • •

"Worden sommige mensen niet veel overvloediger door God gezegend dan andere?" vroeg een student. Paramahansaji antwoordde: "God kiest de mensen die Hem kiezen."

• • •

Twee dames parkeerden hun auto altijd zonder hem af te sluiten. De Meester zei tegen hen: "Voorkom problemen. Doe je auto op slot." "Waar is uw vertrouwen in God? riepen

Paramahansa Yogananda tijdens een informele bijeenkomst van vrienden en leden van Self-Realization Fellowship, Beverly Hills, Californië, 1949.

ze uit. "Ik heb vertrouwen" antwoordde Paramahansaji. "Vertrouwen is iets anders dan nonchalance."

Toch gingen ze ermee door hun auto niet af te sluiten. Op zekere dag, toen ze veel waardevolle spullen op de achterbank hadden laten liggen, werden die door dieven gestolen. "Waarom zou je van God verwachten dat Hij je beschermt als je zelf Zijn wetten van gezond verstand en voorzichtigheid negeert?" zei de Meester. "Heb vertrouwen, maar wees praktisch en breng anderen niet in verleiding."

• • •

Een paar leerlingen werden zo in beslag genomen door hun bezigheden dat ze hun meditatie[20] verwaarloosden. De Meester waarschuwde hen: "Zeg niet: 'Morgen zal ik langer mediteren.' Plotseling zul je ontdekken dat een jaar voorbij is gegaan zonder dat je je goede voornemens hebt uitgevoerd. Zeg liever: 'Dit kan nog wel wachten en dat kan nog wel wachten, maar mijn zoeken naar God kan niet wachten.'"

• • •

"Meester" zei een leerling "hoe komt het dat sommige Meesters meer lijken te weten dan andere Meesters?" "Allen die volledig bevrijd zijn, bezitten evenveel wijsheid" antwoordde Paramahansaji. "Ze begrijpen alles, maar laten die kennis zelden blijken. Omdat God het wil, spelen

---

[20] Zie 'Kriyayoga' in de verklarende woordenlijst.

Uitspraken van Paramahansa Yogananda

ze de rol die Hij hen heeft toebedeeld. Als ze fouten lijken te maken is dat omdat dit gedrag hoort bij hun menselijke rol. Innerlijk zijn ze vrij van de tegenstrijdigheden en betrekkelijkheden van *maya*."

• • •

"Ik vind het lastig vriendschappen te onderhouden" vertrouwde een student de Meester toe. "Kies de mensen met wie je omgaat zorgvuldig" zei Paramahansaji. "Wees hartelijk en oprecht, maar bewaar altijd wat afstand en blijf respectvol. Word nooit te vertrouwelijk met mensen. Het is gemakkelijk vrienden te maken, maar om je vrienden te houden moet je deze regel in acht nemen."

• • •

"Meester" vroeg een student "kan een ziel voor eeuwig verloren gaan?" De guru antwoordde: "Dat is onmogelijk. Elke ziel is deel van God en is daarom onvergankelijk."

• • •

"Voor een devotee op het juiste pad verloopt zijn spirituele ontwikkeling even natuurlijk en ongemerkt als zijn ademhaling" zei de Meester. "Als iemand zijn hart eenmaal aan God heeft gegeven, wordt hij zo in beslag genomen door Hem dat hij zich nauwelijks realiseert alle problemen van het leven te hebben opgelost. Anderen beginnen hem guru te noemen. Vol verwondering denkt hij: 'Wat? Is deze zondaar een heilige geworden? God, moge Uw beeltenis zo stralend zijn in mijn gezicht dat niemand mij ziet, maar alleen U.'"

• • •

Er was een student die zichzelf voortdurend onderzocht op tekenen van spirituele vooruitgang. De Meester zei tegen hem: "Als je een zaadje plant en het dagelijks opgraaft om te zien of het groeit, kan het nooit wortel schieten. Zorg er goed voor, maar wees niet te nieuwsgierig!"

• • •

"Wat is G. een vreemde vogel!" Een aantal leerlingen had het over de eigenaardigheden van verschillende mensen. De Meester zei: "Waarom verbaast dat je? Deze wereld is niets anders dan Gods dierentuin."

• • •

"Is uw leer over het beheersen van emoties niet gevaarlijk?" vroeg een student. "Veel psychologen beweren dat onderdrukking psychische problemen en zelfs lichamelijke ziekte veroorzaakt." De Meester antwoordde: "Onderdrukking is schadelijk: je vasthouden aan de gedachte dat je iets wilt maar niets constructiefs doen om het te krijgen. Zelfbeheersing is goed voor je: het geduldig vervangen van verkeerde gedachten door goede gedachten, en van verwerpelijk gedrag door nuttig gedrag. Mensen die zich bezighouden met verkeerde dingen brengen zichzelf schade toe. Mensen die hun geest met wijsheid en hun leven met constructieve bezigheden vullen besparen zichzelf onwaardig lijden."

• • •

"God stelt ons op alle mogelijke manieren op de proef" zei de Meester. "Hij legt onze zwakheden bloot opdat we ons ervan bewust worden en ze kunnen omvormen tot positieve kwaliteiten. Hij kan ons beproevingen geven die ondraaglijk lijken. Soms lijkt Hij ons bijna van zich af te duwen. Maar de slimme devotee zal zeggen: 'Nee God, ik wil U. Niets zal mij tegenhouden U te zoeken. Het gebed van mijn hart is: Onderwerp mij nooit aan de beproeving Uw aanwezigheid te vergeten.'"

• • •

"Meester, zal ik het spirituele pad ooit verlaten?" vroeg een volgeling die veel twijfels had. De Meester antwoordde: "Hoe zou je dat kunnen? Iedereen in de wereld is op het spirituele pad."

• • •

"Meester, zegen me met devotie" smeekte een leerling. "Wat je eigenlijk zegt is: 'Geef me geld zodat ik kan kopen wat ik wil' antwoordde de Meester. Maar ik zeg: 'Nee, eerst moet je het geld verdienen. Dan heb je het recht te genieten van wat je hebt gekocht.'"

• • •

Uitspraken van Paramahansa Yogananda

Om een ontmoedigde student te helpen vertelde de Meester het volgende verhaal: "Op een dag zag ik een mier op een grote zandhoop rondkruipen. Ik dacht: 'Die mier zal wel denken dat hij de Himalaya aan het beklimmen is.' Het leek een gigantische berg voor de mier, maar niet voor mij. Zo kunnen ook een miljoen zonnejaren minder dan een minuut zijn in de ogen van God. We moeten onszelf leren groots te denken: Eeuwigheid! Oneindigheid!"

• • •

Yoganandaji en een groep leerlingen deden hun oefeningen 's avonds op het grasveld van de Hermitage in Encinitas. Een van de jongemannen vroeg naar een bepaalde heilige van wie hij de naam niet wist. "Meester" zei hij "het was de Meester die een paar maanden geleden hier aan u verschenen is." "Ik kan het me niet herinneren" antwoordde Paramahansaji. "Het was in de achtertuin, Meester." "Er zijn veel heiligen die mij daar bezoeken; ik zie heiligen die overleden zijn en andere die nog op aarde zijn." "Dat is geweldig, Meester!"

"Waar een devotee van God is, komen Zijn heiligen." De guru stopte even en deed een paar oefeningen. Toen zei hij: "Toen ik gisteren in mijn kamer zat te mediteren wilde ik een paar dingen weten over een groot Meester die heel lang geleden heeft geleefd. Hij verscheen aan me. We zaten lange tijd naast elkaar op mijn bed, hand in hand." "Meester, heeft hij u over zijn leven verteld?" "Nou" zei Paramahansaji "in de uitwisseling van energie kreeg ik het hele beeld."

Uitspraken van Paramahansa Yogananda

• • •

Om leden van de religieuze Self-Realization Orde[21] te helpen op hun hoede te zijn voor spirituele zelfgenoegzaamheid, zei de Meester tegen hen: "Nadat je *nirbikalpa samadhi*[22] hebt bereikt, ben je voorgoed vrij van *maya*. Maar totdat je die staat hebt bereikt, ben je niet veilig. Een leerling van een beroemde hindoe Meester was zo'n vergevorderde ziel dat zijn guru hem altijd als voorbeeld stelde voor de andere devotees. Op zekere dag vertelde de leerling dat hij een vrouwelijke devotee hielp door met haar te mediteren. De guru zei kalm: 'Sadhu,[23] pas op!'

Een paar weken later ontkiemden enkele zaadjes van slecht karma in het leven van de leerling. Hij ging er met de vrouw vandoor. Maar al gauw keerde hij terug naar zijn guru en zei huilend: 'Het spijt me.' Hij stond niet toe dat een fout het middelpunt van zijn leven werd. Hij liet alle fouten achter zich en verdubbelde zijn inzet voor volledige Zelfrealisatie.

Dit verhaal laat zien dat zelfs een vergevorderde devotee tijdelijk kan terugvallen. Laat je waakzaamheid nooit verslappen totdat je stevig bent verankerd in de Uiteindelijke Zaligheid."

• • •

---

[21] Zie verklarende woordenlijst.
[22] Zie verklarende woordenlijst.
[23] Zie verklarende woordenlijst.

Uitspraken van Paramahansa Yogananda

"De natuurwetenschappen zijn theoretischer dan echte religie" zei de Meester. "De wetenschap is bijvoorbeeld in staat de uiterlijke eigenschappen en het gedrag van atomen te onderzoeken. Maar meditatie leidt tot alomtegenwoordigheid: een yogi kan één worden met de atomen."

• • •

Een veeleisende leerling verscheen vaak onverwacht op Mount Washington [24] en belde de Meester regelmatig op diens kosten. "Het is een eigenaardige man" zei Paramahansaji eens. "Maar zijn hart is bij God. Ondanks zijn fouten zal hij zijn doel bereiken want eerder laat hij God niet met rust."

• • •

Toen de Meester nog maar kort in Amerika was droeg hij Indiase kleding en hing zijn haar tot over zijn schouders. Gefascineerd door deze vreemde verschijning vroeg iemand hem eens: "Bent u een waarzegger, die het lot van mensen voorspelt?" Paramahansaji antwoordde: "Nee, ik vertel mensen hoe ze hun lot kunnen verbeteren."

• • •

De Meester vertelde zijn leerlingen eens over een heilige die van het hoogste pad afdwaalde toen hij zijn

---

[24] Het hoofdkwartier van Self-Realization Fellowship in Los Angeles, Californië. Zie verklarende woordenlijst.

Uitspraken van Paramahansa Yogananda

wonderbaarlijke vermogens openlijk ging vertonen. "Snel realiseerde hij zich zijn vergissing" zei Paramahansaji "en hij keerde terug naar zijn leerlingen. Aan het einde van zijn leven was hij een volledig bevrijde ziel."

"Meester, hoe kon hij zich weer zo vlug herstellen?" vroeg een devotee. "Is de karmische straf voor iemand die terugvalt uit een vergevorderde staat van ontwikkeling niet zwaarder dan voor gewone mensen die verkeerd doen uit pure onwetendheid? Is het niet vreemd dat de Indiase heilige niet lang hoefde te wachten op zijn uiteindelijke bevrijding?"

Glimlachend schudde de Meester zijn hoofd. "God is geen tiran" zei hij. "Iemand die gewend is aan ambrozijn zou ongelukkig zijn als hij muffe kaas moest eten. Als hij ontroostbaar om ambrozijn zou blijven roepen zou God hem niet weigeren."

• • •

Een vriend vond het niet gepast dat Self-Realization Fellowship adverteerde. De Meester zei: "Wrigley gebruikt advertenties om mensen over te halen kauwgum te kauwen. Waarom zou ik geen advertenties gebruiken om mensen goede ideeën te laten 'kauwen'?"

• • •

Sprekend over hoe snel we door Gods genade bevrijd kunnen worden van de illusie van *maya,* zei de Meester: "In deze wereld lijken we ten onder te gaan in een zee van problemen. Dan komt de goddelijke Moeder en schudt ons wakker uit deze vreselijke droom. Vroeg of laat zal iedereen die bevrijdende ervaring hebben."

• • •

Een leerling aarzelde tussen intreden en een lang begeerde carrière. De Meester zei liefdevol: "Alle vervulling die je zoekt, en nog veel meer, wacht op je in God."

• • •

Aan een leerling die hopeloos verstrikt leek in slechte gewoontes gaf de Meester de suggestie: "Als het je aan wilskracht ontbreekt om iets te doen wat je wilt, ontwikkel dan de kracht om 'nee' te zeggen tegen wat je niet wilt."

• • •

"Wat een verantwoordelijkheid neem je op je als je probeert mensen vooruit te helpen!" zei de Meester. "De roos in de vaas ziet er prachtig uit. Je vergeet hoeveel werk erin zit om de roos zo mooi te maken. Als het al zoveel moeite kost een prachtige roos te krijgen, hoeveel méér werk is er dan nodig om een mens te vervolmaken!"

• • •

"Ga niet al te vertrouwelijk om met anderen" zei de Meester. "Vriendschappen geven ons geen voldoening tenzij ze zijn geworteld in wederzijdse liefde voor God. Ons menselijk verlangen naar liefde en begrip van anderen is in werkelijkheid het verlangen van de ziel naar eenheid met God. Hoe meer we dat verlangen in de buitenwereld proberen te vervullen, hoe onwaarschijnlijker het wordt dat we de Goddelijke Metgezel vinden."

• • •

"Er zijn drie soorten devotees" zei de Meester. "Gelovigen die naar de kerk gaan en daar tevreden mee zijn; gelovigen die een goed leven leiden maar geen moeite doen om één te worden met God; en gelovigen die vastbesloten zijn hun ware identiteit te ontdekken."

• • •

Gevraagd naar de definitie van Zelfrealisatie, zei de Meester: "Zelfrealisatie is het weten – in lichaam, geest en ziel – dat we één zijn met de alomtegenwoordigheid van God; dat we niet hoeven te bidden dat we deze mogen ervaren; dat we er niet alleen op elk moment dichtbij zijn, maar dat Gods alomtegenwoordigheid onze alomtegenwoordigheid is; dat we nu al evenveel deel zijn van Hem als we ooit zullen zijn. Het enige wat we hoeven doen is dit weten te ontwikkelen."

• • •

"God vervult elke behoefte van Zijn devotees snel omdat ze de belemmerende tegenstroom van het ego hebben opgeheven" zei de Meester. "In de eerste jaren van het Centrum op Mount Washington moest een hypotheekbedrag worden afgelost maar we hadden geen geld op de bank. Ik bad heel diep tot God en zei: 'Het welzijn van de organisatie is in Uw handen.' De Goddelijke Moeder verscheen aan me en zei in het Engels: "Ik ben je aandelen en je obligaties; Ik ben je waarborg." "Een paar dagen later ontving ik met de post een grote donatie voor het Centrum."

• • •

Een leerling was heel betrouwbaar en snel in het uitvoeren van alle taken die de Meester hem gaf, maar voor anderen deed hij niets. Om hem hierin te corrigeren zei de Meester: "Dien anderen zoals je mij dient. Bedenk dat God in alle mensen woont. Laat geen gelegenheid voorbij gaan om Hem een plezier te doen."

• • •

"De dood leert ons om niet te vertrouwen op het lichaam maar op God. Daarom is de dood een vriend" zei de Meester. "We moeten niet al te verdrietig zijn als onze dierbaren van ons heengaan. Het is egoïstisch te willen dat ze altijd bij ons blijven voor ons eigen genoegen en welbevinden. Verheug je liever dat ze zijn geroepen verder te gaan naar de vrijheid van de ziel in een nieuwe en betere omgeving: de astrale wereld.[25]

Door de pijn van het verlies huilen de meeste mensen een poosje, dan vergeten ze. Maar de wijze mens voelt de

---
[25] Zie verklarende woordenlijst.

De Meester tijdens zijn bezoek aan India in 1935, in meditatie in Dihika vlakbij de plek waar hij zijn jongensschool vestigde. De school is in 1918 verplaatst naar Ranchi, en is nog steeds erg succesvol.

drang zijn verdwenen dierbaren te zoeken in het hart van de Eeuwige. Wat een devotee verliest in het eindige leven vindt hij terug in de Oneindigheid."

• • •

"Wat is de beste manier om te bidden?" vroeg een leerling. De Meester zei: "Zeg tegen God: 'Laat me Uw wil kennen.' Zeg niet: 'Ik wil dit en ik wil dat' maar vertrouw erop dat Hij weet wat je nodig hebt. Je zult zien dat je veel betere dingen krijgt als je Hem laat kiezen."

• • •

De Meester vroeg zijn leerlingen vaak allerlei kleinere taken op zich te nemen. Toen één van hen zo'n klusje niet goed had gedaan omdat ze dacht dat het niet belangrijk was, wees Paramahansaji haar vriendelijk terecht. Hij zei: "Als we kleine taken met zorg uitvoeren, geeft dit ons kracht om ons te houden aan moeilijke beslissingen die het leven ons ooit zal dwingen te nemen."

• • •

De Meester haalde een opmerking van Sri Yukteswar[26] aan toen hij tegen een leerling zei: "Sommige mensen denken dat intreden in een ashram om zelfdiscipline te ontwikkelen net zoveel reden voor verdriet is als een begrafenis. Maar het kan juist de begrafenis van alle verdriet betekenen!"

---

[26] In *Autobiographie van een yogi*, hoofdstuk 12.

Uitspraken van Paramahansa Yogananda

• • •

"Het is dom het ware geluk te verwachten van aardse gehechtheden en bezittingen want die kunnen je dat niet geven" zei de Meester. "Toch sterven miljoenen mensen aan een gebroken hart omdat ze vergeefs hebben geprobeerd in het aardse leven de vervulling te vinden die alleen bestaat in God, de bron van alle vreugde."

• • •

Om uit te leggen waarom zo weinig mensen de Oneindige God begrijpen, zei de Meester: "Zoals een klein kopje het water van de onmetelijke oceaan niet kan bevatten, zo kan de beperkte menselijke geest het universele Christusbewustzijn niet bevatten. Maar als je door meditatie je geest blijft verruimen, zul je uiteindelijk alwetend worden. Je wordt dan één met de goddelijke intelligentie die in alle atomen van de schepping aanwezig is.

In het evangelie van Johannes staat: 'Aan allen die Hem aannamen gaf Hij het vermogen kinderen van God te worden, aan hen die geloven in zijn naam.'[27] Met 'aan hen die Hem aannamen' bedoelde Johannes mensen die hun ontvankelijkheid voor het Oneindige hebben vervolmaakt; alleen zij krijgen hun status van 'zonen van God' terug. Zij 'geloven in zijn naam' door één te worden met het Christusbewustzijn."

• • •

---
[27] Johannes 1:12

Uitspraken van Paramahansa Yogananda

Een leerling die vroeger in de hermitage had gewoond kwam op zekere dag terug en zei verdrietig tegen de Meester: "Waarom ben ik toch weggegaan?" "Is dit geen paradijs, vergeleken met de buitenwereld?' vroeg Paramahansaji. "Dat is het zeker!" antwoordde de jonge man en snikte zolang dat de Meester tranen van mededogen in zijn ogen had.

• • •

Een zuster van de religieuze orde van Self-Realization Fellowship klaagde over een gebrek aan devotie. "Het is niet dat ik God niet wil kennen" zei ze "maar het lijkt wel of ik Hem geen liefde kan geven. Wat moet je doen als je, zoals ik, door een 'dorre periode' gaat?"

"Concentreer je niet op de gedachte dat het je aan devotie ontbreekt, maar leg je erop toe het te ontwikkelen" antwoordde de Meester. "Waarom zou je van streek zijn dat God zich niet aan je heeft laten zien? Hoe lang heb je Hem geen aandacht gegeven! Mediteer meer, ga diep en volg de regels van de hermitage. Als je je gewoontes verandert zul je in je hart de herinnering wekken aan Zijn wonderbaarlijk Wezen, en als je Hem eenmaal kent kan het niet anders dan dat je van Hem zult houden."

• • •

Op een zondag bezocht de Meester een kerk waar het koor speciaal voor hem zong. Na de dienst vroegen de dirigent en de groep aan Paramahansaji: "Hebt u genoten van het

Uitspraken van Paramahansa Yogananda

zingen?" "Ja hoor, het was mooi", zei Sri Yogananda zonder enthousiasme. "Oh, vond u het niet zo mooi?" vroegen ze. "Zo zou ik het niet zeggen." Na enig aandringen legde de Meester uit: "Technisch gezien was het perfect; maar jullie beseften niet voor Wie jullie zongen. Jullie dachten er alleen aan mij en de rest van het publiek een plezier te doen. Zing de volgende keer voor God, niet voor mensen."

• • •

Met ontzag spraken de leerlingen over het lijden dat de heilige martelaren uit de geschiedenis met vreugde ondergingen. De Meester zei: "Het lot van het lichaam is volkomen onbelangrijk voor een mens met Godrealisatie. Het fysieke lichaam is als een bord dat de devotee gebruikt om de wijsheidsmaaltijd van het leven tot zich te nemen. Als zijn honger voor eeuwig is gestild, welke waarde heeft het bord dan nog? Het kan breken maar de devotee merkt het nauwelijks want Hij is verzonken in God."

• • •

Op lange zomeravonden was de Meester vaak te vinden op de veranda van de Hermitage in Encinitas waar hij met zijn leerlingen sprak over spirituele onderwerpen. Bij zo'n gelegenheid kwam het gesprek op wonderen en de Meester zei: "De meeste mensen zijn geïnteresseerd in wonderen en willen die graag zien. Maar mijn Meester, Sri Yukteswarji, die de beheersing had over alle krachten van de natuur, had heel strikte opvattingen over dit onderwerp. Vlak voordat ik uit India vertrok om lezingen te gaan geven in Amerika, zei hij tegen mij: 'Wek de liefde voor God in mensen. Trek ze niet aan door je uitzonderlijke vermogens te vertonen.'

Wat zou het opleveren als ik op vuur en water zou lopen en elke zaal in het land zou vullen met sensatiezoekers? Kijk naar de sterren, de wolken, de oceaan; kijk naar de dauw op het gras. Kan een mens wonderen verrichten die zich kunnen meten met deze in wezen onverklaarbare verschijnselen? En toch worden maar weinig mensen door de natuur ertoe gebracht van God te houden – het Wonder van alle wonderen."

• • •

Tegen een groep jonge leerlingen die dingen voor zich uitschoven, zei de Meester: "Breng structuur aan in je leven. God heeft regelmaat geschapen. De zon schijnt tot de avond valt en de sterren schijnen tot zonsopgang."

• • •

"Is het niet zo dat heiligen hun wijsheid danken aan een bijzondere gunst van God?" vroeg een bezoeker. "Nee" antwoordde de Meester. "Dat sommige mensen minder goddelijke realisatie hebben dan anderen komt niet doordat God de stroom van Zijn genade beperkt, maar doordat de meeste mensen verhinderen dat Zijn altijd aanwezige licht vrij door hen heen stroomt. Door het donkere scherm van het ego weg te halen kunnen al Zijn kinderen Zijn stralen van alwetendheid in gelijke mate weerspiegelen."

• • •

Een bezoeker sprak laatdunkend over wat wel de afgoderij in India wordt genoemd. De Meester zei rustig: "Als iemand met gesloten ogen in een kerk zit met zijn gedachten bij wereldse zaken - de afgoden van het materialisme - weet God dat Hij niet wordt aanbeden. Als iemand voor een stenen beeld buigt en dit beeld ziet als een symbool en een herinnering aan de levende alomtegenwoordige Geest, neemt God deze uiting van devotie aan."

• • •

"Ik ga naar de heuvels om alleen te zijn met God" zei een student tegen de Meester. "Op die manier zul je spiritueel niet verder komen" antwoordde Paramahansaji. "Je geest is nog niet in staat om zich diep op God te concentreren. Ook al leef je in een grot, in gedachten zul je voornamelijk bezig zijn met herinneringen aan mensen en werelds tijdverdrijf. Het is beter je taken hier op aarde opgewekt te vervullen en dit te combineren met dagelijkse meditatie."

• • •

Nadat hij een leerling een compliment had gegeven, zei de Meester: "Als je wordt geprezen, moet je niet achterover gaan leunen maar proberen nog beter te worden. Je voortdurende vooruitgang is een bron van vreugde voor jezelf, voor de mensen om je heen en voor God."

Uitspraken van Paramahansa Yogananda

• • •

"Onthechting is niet negatief maar positief. Je geeft niets op behalve het lijden" zei de Meester. "Je moet onthechting niet zien als een pad van opoffering. Het is eerder een spirituele investering: een paar cent aan zelfdiscipline zullen ons een miljoen spirituele dollars opleveren. Getuigt het niet van wijsheid de gouden munten van onze korte tijd op aarde te besteden om de Eeuwigheid te verwerven?"

• • •

Toen de Meester op een zondagochtend keek naar de grote hoeveelheid bloemen waarmee de tempel was versierd, zei hij: "Omdat God Schoonheid is, heeft Hij lieflijkheid geschapen in de bloemen opdat zij Hem tot uitdrukking brengen. Meer dan al het andere in de natuur spreken zij van Zijn aanwezigheid. Zijn stralend aangezicht kijkt uit de omlijsting van lelies en vergeet-me-nietjes. In de geur van de roos lijkt hij te zeggen: 'Zoek mij.' Dat is hoe Hij spreekt; verder zwijgt Hij. In de schoonheid van de schepping toont Hij Zijn vakmanschap, maar Hij roept niet luid dat Hij daar Zelf verborgen is."

• • •

Twee leerlingen die in de hermitage woonden, vroegen de Meester toestemming om vrienden te bezoeken. Paramahansaji antwoordde: "Voor iemand die is ingetreden, is het in de begintijd van zijn training niet goed veel om te gaan met wereldse mensen. Zijn geest wordt zo lek als een vergiet en kan het water van de waarneming van God niet vasthouden. Uitstapjes brengen je geen realisatie van het Oneindige."

Omdat hij liever goede raad gaf dan bevelen uitdeelde, voegde de guru eraan toe: "Het is mijn plicht je te waarschuwen wanneer ik zie dat je de verkeerde kant opgaat. Maar doe wat je wilt."

• • •

"Hier op aarde probeert God de universele kunst van goed leven te ontwikkelen door in de harten van mensen broederschap en waardering voor anderen te stimuleren" zei de Meester. "Om die reden heeft Hij ervoor gezorgd dat niet één land in zichzelf compleet is. Aan elk volk heeft Hij een speciale vaardigheid gegeven, een uniek talent waarmee ze hun specifieke bijdrage leveren aan de wereldbeschaving. Er zal eerder vrede op aarde zijn wanneer alle volken hun beste eigenschappen op een constructieve manier uitwisselen. Laten we geen acht slaan op de tekortkomingen van een volk maar oog hebben voor zijn goede eigenschappen en deze overnemen. Het is belangrijk te zien dat de grote heiligen uit het verleden de idealen van alle landen en de hoogste ambities van alle religies hebben belichaamd."

• • •

De Meester gebruikte vaak sprankelende vergelijkingen. Op een dag zei hij: "Mensen op het spirituele pad zijn als wedstrijdrenners. Sommigen sprinten; anderen komen maar langzaam vooruit. Sommige mensen rennen zelfs achteruit!" Een andere keer merkte hij op: "Het leven is een veldslag. Mensen vechten tegen hun innerlijke vijanden zoals hebzucht en onwetendheid. Velen zijn gewond geraakt – door kogels van verlangens."

• • •

Paramahansaji had een aantal leerlingen streng aangesproken op de inefficiënte manier waarop ze hun taken uitvoerden. Ze waren erg verdrietig. Toen zei de guru: "Ik ben niet graag streng tegen jullie want jullie zijn allemaal zo goed. Maar als ik vlekjes op een witte muur zie wil ik ze verwijderen."

• • •

Paramahansaji en een paar anderen reden met de auto naar een retreat van Self-Realization Fellowship. Een oude man sjokte met een tas op zijn rug langs de hete, stoffige weg. De Meester liet de auto stoppen, riep de man en gaf hem wat geld.

Even later zei Paramahansaji tegen zijn leerlingen: "Wat stelt deze wereld ons toch voor vreselijke verrassingen! Wij rijden in een auto terwijl die oude man moet lopen. Jullie moeten vastbesloten zijn te ontsnappen aan de angst voor de onvoorspelbare wendingen van *maya*. Als die arme stakker Zelfrealisatie had zou het niet uitmaken of hij arm of rijk was. In het Oneindige gaan alle bewustzijnstoestanden op in Eeuwig Nieuwe Gelukzaligheid."

• • •

"Meester, welke passage uit *Autobiografie van een yogi* vindt u het meest inspirerend voor gewone mensen?" vroeg een leerling. De Meester dacht even na en zei toen: "Deze woorden van mijn guru, Sri Yukteswar: 'Vergeet het verleden. Menselijk gedrag blijft onbetrouwbaar tot het is verankerd in God. Alles in de toekomst zal beter worden als je je nu inzet voor je spirituele ontwikkeling.'"

• • •

"Ook al vergeten wij God, Hij vergeet ons niet" zei de Meester. "Als Hij de schepping één seconde zou vergeten, zou alles spoorloos verdwijnen. Wie anders dan Hij houdt deze kluit aarde in zijn baan? Wie anders dan Hij zorgt dat de bomen en bloemen groeien? Het is God alleen die onze hartslag in stand houdt, ons voedsel verteert en onze lichaamscellen dagelijks vernieuwt. En toch denken maar weinig van Zijn kinderen aan Hem!"

• • •

"De geest" zei Paramahansaji "is als wonderbaarlijk elastiek dat eindeloos kan worden opgerekt zonder te breken."

• • •

Uitspraken van Paramahansa Yogananda

"Hoe kan een heilige het slechte karma[28] van anderen op zich nemen?" vroeg een student. De Meester antwoordde: "Als je ziet dat iemand op het punt staat een ander te slaan, kun je voor het slachtoffer gaan staan om de klap op te vangen. Zoiets doet een grote Meester ook. Hij ziet wanneer zijn devotees op het punt staan getroffen te worden door de ongunstige gevolgen van slecht karma uit hun verleden. Als het hem verstandig lijkt gebruikt hij een bepaalde metafysische methode waarmee hij de gevolgen van de fouten van zijn leerlingen voor zijn rekening neemt. De wet van oorzaak en gevolg werkt mechanisch ofwel wiskundig; yogi's begrijpen hoe de stroom ervan kan worden omgeleid.

Omdat heiligen zich bewust zijn van God als Eeuwig Wezen en Onuitputtelijke Levensenergie, zijn ze in staat klappen te overleven die voor een gewoon mens dodelijk zijn. Hun geest blijft onaangedaan onder lichamelijke ziekte of de tegenslagen van het leven."

• • •

De Meester sprak met leerlingen over plannen voor uitbreiding van het werk van Self-Realization Fellowship. Hij zei: "Denk eraan, de organisatie is de bijenkorf, maar God is de honing. Neem er geen genoegen mee mensen over spirituele waarheden te vertellen; laat ze zien hoe ze zelf Godbewustzijn kunnen bereiken."

---

[28] Zie verklarende woordenlijst. De wet van het overnemen van karma wordt uitgebreider uitgelegd in hoofdstuk 21 van *Autobiografie van een yogi*.

Uitspraken van Paramahansa Yogananda

• • •

Paramahansaji was onthecht, maar liefdevol en altijd trouw. Op zekere dag zei hij: "Als ik mijn vrienden niet zie, mis ik ze niet; maar wanneer ik ze zie, krijg ik nooit genoeg van ze."

• • •

"Ik zie God in Zijn schepping" zei de Meester. "Als ik naar een mooie boom kijk, is mijn hart geroerd en fluistert: 'Hij is hier.' Ik buig in aanbidding voor Hem neer. Doordringt Hij niet elk atoom van de aarde? Zou onze planeet zelfs maar kunnen bestaan zonder Gods samenbindende kracht? Een echte devotee ziet Hem in alle mensen, in alle dingen; elke steen wordt een altaar.

Toen God ons het gebod gaf: 'Gij zult geen andere goden hebben ten koste van Mij. Gij zult geen godenbeelden maken'[29] bedoelde Hij dat we niets in de schepping moeten verheerlijken boven de Schepper. Onze liefde voor de natuur, familie, vrienden, werk en bezittingen mag niet de eerste plaats innemen in ons hart. Die behoort God toe."

• • •

Toen hij een leerling op een fout had gewezen, zei de Meester: "Trek het je niet aan als ik je terechtwijs. Het is omdat je aan de winnende hand bent in de strijd tegen de gewoontes van het ego dat ik je de weg van zelfdiscipline

---

[29] Exodus 20:3-4

Met een warm gebaar begroet Paramahansaji leden bij de tempel van Self-Realization Fellowship in San Diego, Californië, 1949.

Uitspraken van Paramahansa Yogananda

blijf wijzen. Ik zeg je voortdurend voor een glorieuze toekomst in het goede. Ik heb je vanavond gewaarschuwd er geen gewoonte van te maken je spirituele 'huiswerk' mechanisch uit te voeren en niet te vergeten je dagelijks diep en vurig in te zetten om God te vinden."

• • •

Een geestelijke van een andere organisatie kwam op zekere avond op bezoek bij Paramahansaji. De bezoeker zei terneergeslagen: "Ik weet niet meer wat ik moet geloven." "Waarom verkondigt u dan het geloof?" "Ik houd van mijn werk." "Heeft Christus ons niet gezegd dat de blinden de blinden niet moeten leiden?"[30] zei de Meester. "Uw twijfels zullen verdwijnen als u leert te mediteren op God. Hij is de Enige Zekerheid. Als je geen goddelijke inzichten van Hem ontvangt hoe kun je ze dan overbrengen op anderen?"

• • •

In de woonkamer van de Hermitage in Encinitas luisterden de leerlingen enthousiast als de Meester tot diep in de nacht sprak over spirituele onderwerpen. "Ik ben hier om jullie te vertellen van de vreugde die je in God kunt vinden" eindigde hij. "De vreugde die jullie allemaal kunnen ontdekken, de vreugde die mij elk moment van mijn leven vervult. Want Hij wandelt met me, Hij praat met me, Hij denkt met me, Hij speelt met me, Hij leidt me in alles.

---
[30] Matteus 15:14

Uitspraken van Paramahansa Yogananda

'Heer' zeg ik tegen Hem 'Ik heb geen problemen; U bent altijd bij me. Ik ben blij dat ik Uw dienaar ben, een nederig werktuig om Uw kinderen te helpen. De mensen of gebeurtenissen die U me brengt zijn Uw verantwoordelijkheid. Ik wil Uw plan voor mij niet hinderen door eigen verlangens te koesteren.'"

• • •

"Diep in mijn hart weet ik dat ik alleen in God geluk kan vinden. Toch voel ik me nog aangetrokken tot veel wereldse dingen" zei een jongeman die overwoog in te treden in de orde van Self-Realization Fellowship."Een kind speelt graag met zandtaartjes maar vindt daar niets meer aan als hij ouder wordt" antwoordde de Meester. "Als je spiritueel volwassen wordt, zul je de genoegens van de wereld niet missen."

• • •

Na afloop van een ontmoeting met een aantal geleerde mensen zei de Meester tegen de leerlingen: "Er zijn intellectuelen die de profeten citeren alsof ze een grammofoon zijn. Zoals een apparaat opnames van heilige geschriften kan afspelen zonder hun betekenis te begrijpen, zo zijn er veel geleerden die heilige teksten opzeggen zonder zich bewust te zijn van hun ware betekenis. Ze zien de diepe, levensveranderende waarde van de Schriften niet. Als je op deze manier leest krijg je geen Godrealisatie maar slechts kennis van woorden. Zulke mensen worden trots en twistziek." Hij voegde er aan toe: "Daarom raad ik jullie allemaal om minder te lezen en meer te mediteren."

• • •

De Meester zei: "In de schepping lijkt God te slapen in de mineralen, te dromen in de bloemen, te ontwaken in de dieren, en te weten dat hij wakker is in de mens." [31]

• • •

De Meester had ruimhartig van zijn tijd aan leerlingen en waarheidszoekers gegeven. Daarna zocht hij de vredige afzondering van een retreat van Self-Realization Fellowship in de woestijn. Toen hij en de kleine groep die bij hem was de bestemming bereikt hadden en de motor van de auto was afgezet, bleef Paramahansaji stil in de auto zitten. Hij leek op te gaan in de onmetelijke stilte van de woestijnnacht. Na een tijd zei hij: "Waar een bron is komen dorstige mensen samen. Maar soms vindt de bron het voor de verandering prettig om niet bezocht te worden."

• • •

"In je lichaam bevindt zich een geheime deur naar God" [32]

---

[31] 'Het menselijk lichaam was niet uitsluitend het resultaat van evolutie uit dieren, maar is voortgebracht door een speciale scheppingsdaad van God. De dierlijke vorm was te grof om volledige goddelijkheid uit te drukken; als enige kreeg de mens de intelligente occulte centra in de wervelkolom en de in aanleg alwetende 'duizendbladige lotus' in de hersenen.' – *Autobiografie van een yogi*.

[32] God heeft het lichaam van de mens, als enige onder Zijn schepselen, voorzien van geheime centra in de wervelkolom. Als die gewekt worden (door yoga, of in sommige gevallen door intense toewijding), brengt dat goddelijke verlichting. De hindoe geschriften leren daarom dat (1) een menselijk lichaam een kostbaar geschenk is, en (2)

zei de Meester. "Versnel je evolutie door de juiste voeding, een gezonde leefwijze en eerbied voor je lichaam als tempel van God. Ontsluit de heilige deur in de wervelkolom door het beoefenen van wetenschappelijke meditatie."

• • •

"Ik heb altijd het verlangen gehad God te zoeken, Meester, maar ik wil graag trouwen" zei een student. "Denkt u dat ik dan nog steeds mijn Goddelijke Doel kan bereiken?"
"Als een jong iemand liever eerst een gezin wil stichten in de veronderstelling dat hij daarna God zal zoeken, begaat hij misschien wel een ernstige fout" antwoordde de Meester. "In het oude India werd kinderen zelfdiscipline bijgebracht in een hermitage. Tegenwoordig wordt zulke training nergens ter wereld gegeven. De moderne mens heeft weinig beheersing over zijn zintuigen, impulsen, stemmingen en verlangens. Hij wordt gemakkelijk beïnvloed door zijn omgeving. In de natuurlijke loop der dingen neemt hij de verantwoordelijkheid voor een gezin op zich en wordt bedolven onder wereldse verplichtingen. Gewoonlijk vergeet hij zelfs een klein gebedje tot God te zeggen."

• • •

"Waarom is het lijden zo wijd verbreid op aarde? vroeg

---

dat de mens zijn materiële karma alleen in een fysiek omhulsel kan uitwerken. Hij zal keer op keer reïncarneren op deze aarde tot hij een Meester is. Pas dan zal het menselijk lichaam het doel gediend hebben waarvoor het geschapen is. (Zie 'reïncarnatie' in de verklarende woordenlijst)

Uitspraken van Paramahansa Yogananda

een leerling. De Meester antwoordde: "Er zijn veel redenen waarom er lijden is. Eén reden is om te verhinderen dat mensen te veel over anderen leren en niet genoeg over zichzelf. Lijden dwingt mensen uiteindelijk zichzelf af te vragen: 'Is er een principe van oorzaak en gevolg aan het werk in mijn leven? Zijn mijn problemen te wijten aan mijn verkeerde manier van denken?'"

• • •

Beseffend wat een last een heilige op zich neemt om anderen te helpen zei een student op zekere dag tegen Paramahansaji: "Meester, als het zover is zult u zeker wel blij zijn deze aarde te kunnen verlaten en nooit meer terug te komen?"

"Zolang er mensen op deze wereld om hulp roepen, zal ik terugkomen en aanbieden ze als een veerman over te varen naar naar het hemelse land" antwoordde de guru. "Hoe kan ik me verheugen in vrijheid terwijl anderen lijden? Als ik weet dat ze ongelukkig zijn (zoals ik zelf zou zijn als God me Zijn genade niet had geschonken), zou ik niet ten volle kunnen genieten van Zijn onuitsprekelijke zaligheid."

• • •

"Benader het leven niet op een negatieve manier" zei de Meester tegen een groep leerlingen. "Waarom zou je in het riool staren als we omgeven zijn door zoveel moois? Zelfs op de grootste Meesterwerken in de kunst, muziek en literatuur valt wel iets aan te merken. Maar is het niet beter om te genieten van hun schoonheid en glorie? Het leven heeft een lichte en donkere kant want de wereld van relativiteit is opgebouwd uit licht en schaduw. Als je je in gedachten bezighoudt met negatieve dingen word je zelf lelijk. Kijk alleen naar het goede in alles zodat je de schoonheid in jezelf opneemt."

• • •

"Meester, ik ben me alleen bewust van dit ene leven. Waarom kan ik me geen vorige incarnaties[33] herinneren en waarom weet ik niets over een toekomstig bestaan?" vroeg een leerling. Paramahansaji antwoordde:

"Het leven is als een grote ketting in de oceaan van God. Als een deel van de ketting uit het water wordt getrokken zie je alleen dat stukje. Het begin en het einde zijn verborgen. In deze incarnatie zie je maar één schakel in de ketting van het leven. Al zijn verleden en toekomst niet zichtbaar, ze bestaan in de diepten van God. Hij toont hun geheimen aan devotees die op Hem zijn afgestemd."

• • •

"Gelooft u in de goddelijkheid van Christus?" vroeg een bezoeker. De Meester antwoordde: "Ja, ik spreek heel graag over hem omdat hij een mens was met volmaakte Zelfrealisatie. Maar hij was niet de enige zoon van God en dat heeft hij ook nooit beweerd. Integendeel, hij verkondigde de boodschap dat zij die de wil van God doen, net als hijzelf, één

---

[33] Zie 'reïncarnatie' in de verklarende woordenlijst.

Uitspraken van Paramahansa Yogananda

worden met Hem. Was het niet Jezus' missie op aarde alle mensen eraan te herinneren dat God hun Hemelse Vader is, en hen de weg terug naar Hem te wijzen?"

• • •

"Het kan toch niet goed zijn dat de Hemelse Vader zoveel ellende toestaat in de wereld" zei een student. Paramahansaji antwoordde: "Er bestaat geen wreedheid in Gods plan, want in Zijn ogen is er geen goed of kwaad, er zijn alleen maar beelden van licht en schaduw. Het was Gods bedoeling dat we de dualistische scènes van het leven zouden bekijken zoals Hij dat doet: als de altijd vreugdevolle Getuige van een reusachtig kosmisch drama.

De mens heeft zich ten onrechte vereenzelvigd met de pseudoziel, het ego. Wanneer hij zich gaat identificeren met zijn essentie, de onsterfelijke ziel, ontdekt hij dat alle lijden niet echt is. Hij kan zich zelfs niet meer voorstellen hoe het is om te lijden."

De guru voegde hieraan toe: "God laat grote Meesters die naar de aarde komen om hun ontredderde broeders te helpen op een bepaald niveau van hun bewustzijn delen in het leed van de mensheid, maar dit medeleven met menselijke gevoelens brengt geen verstoring teweeg op de diepere niveaus van bewustzijn waar heiligen louter onveranderlijke zaligheid ervaren."

• • •

De Meester zei vaak tegen devotees: " Neurie voortdurend,

zonder dat iemand het hoort, het lied: 'Mijn God, ik zal U altijd toebehoren.' "

• • •

Een devotee had besloten de ashram te verlaten. Hij zei tegen Paramahansaji: "Waar ik ook ben, ik zal altijd mediteren en uw leer volgen."

"Nee, dat zul je niet kunnen" antwoordde de Meester, "jouw plaats is hier. Als je terugkeert naar je oude leven zul je dit pad vergeten." De student vertrok. Het lukte hem niet te blijven mediteren en hij verloor zichzelf in het wereldse leven. De guru treurde om zijn 'verloren schaap'. Tegen de leerlingen zei hij:

"Het kwaad heeft macht. Als je zijn kant kiest, houdt het je in zijn greep. Wanneer je een misstap begaat, keer dan ogenblikkelijk terug naar het pad van deugdzaamheid."

• • •

"Als iemand tegen je zegt: 'Ik ben God' zul je niet vinden dat hij de waarheid spreekt" zei de Meester tegen een groep leerlingen. "Maar we kunnen wel allemaal zeggen: 'God is mij geworden.' Van wat voor substantie zouden we anders gemaakt kunnen zijn? Hij is het enige materiaal van de schepping. Voordat Hij de werelden der verschijnselen tot manifestatie bracht, bestond er niets behalve Hijzelf als Geest. Uit Zijn wezen heeft Hij alles geschapen: het heelal en de zielen van de mensen."

Uitspraken van Paramahansa Yogananda

• • •

"Is het goed boeken te lezen?" vroeg een leerling.
"Bestudering van de heilige schriften zal een groter verlangen naar God in je opwekken, als je de verzen langzaam leest en probeert hun diepere betekenis in je op te nemen" antwoordde de Meester. "Het lezen van heilige teksten zonder hun leer op te volgen leidt tot ijdelheid, valse voldoening en wat ik noem 'intellectuele indigestie'. Veel mensen moeten hun aandacht wel aan wereldse boeken geven om in hun levensonderhoud te voorzien; maar religieuzen als jij kunnen beter geen wereldse lectuur lezen waar God niet in voorkomt."

• • •

"Maakt de schepping werkelijk een proces van evolutie door?" vroeg een leerling. "De evolutie is een suggestie van God in het denken van de mens en in de wereld van de relativiteit is dat ook waar" antwoordde de Meester. "Maar in werkelijkheid vindt alles plaats in het heden. In de Geest bestaat geen evolutie, zoals er ook geen verandering is in de lichtbundel waardoor alle wisselende scènes van een film worden geprojecteerd. God kan de film van de schepping vooruit of achteruit spoelen maar eigenlijk gebeurt alles in een eeuwig nu."

• • •

"Betekent werken voor God en niet voor jezelf dat het

verkeerd is ambitieus te zijn?" vroeg een leerling. "Nee, wees ambitieus om dingen voor God tot stand te brengen" zei de Meester. "Als je wil zwak en je ambitie uitgeblust is, heb je het leven al verloren. Maar laat ambitie niet leiden tot wereldse gehechtheid. Het is destructief alleen dingen voor jezelf te doen; het verruimt de geest dingen voor anderen te doen, maar de beste houding is ernaar streven alles voor God te doen. Dit brengt je rechtstreeks in Zijn Goddelijke Aanwezigheid."

• • •

"Ik voel me aangetrokken tot het ashramleven" zei iemand tegen Paramahansaji, "maar ik aarzel om mijn vrijheid op te geven." "Zonder Godrealisatie heb je weinig vrijheid" antwoordde de Meester. "Je leven wordt beheerst door impulsen, grillen, stemmingen, gewoontes en je omgeving. Door het advies van een guru te volgen en zijn training te aanvaarden, zul je geleidelijk bevrijd worden van de verslaving aan de zintuigen. Vrijheid is het vermogen om je in alles wat je doet te laten leiden door je ziel en niet door de dwang van verlangens en gewoontes. Gehoorzaamheid aan het ego leidt tot slavernij; gehoorzaamheid aan de ziel brengt bevrijding."

• • •

"Meester, is er behalve Kriyayoga nog een andere wetenschappelijke methode die een devotee naar God leidt?" vroeg een student. "Ja" zei de Meester. "Een snelle en betrouwbare weg naar de Oneindigheid is je aandacht altijd gericht te houden op het centrum van Christusbewustzijn [34] tussen de wenkbrauwen."

• • •

"Is het verkeerd te twijfelen? Ik geloof niet graag blindelings" zei een student. De Meester antwoordde: "Er zijn twee soorten twijfel: destructieve en constructieve. Een sceptische levenshouding is destructieve twijfel. Mensen die deze houding ontwikkelen, verwerpen alles blindelings. Ze nemen niet de moeite dingen onbevooroordeeld te onderzoeken. Scepsis is ruis op je mentale radio waardoor je het programma van de waarheid kwijtraakt.

Twijfel is constructief wanneer je intelligente vragen stelt en objectief onderzoek doet. Mensen die deze houding ontwikkelen zijn onbevooroordeeld en nemen de mening van anderen niet zomaar aan. Op het spirituele pad baseren constructieve twijfelaars hun conclusies op onderzoek en op persoonlijke ervaring: dat is de juiste benadering van de waarheid."

• • •

"Waarom zou God zichzelf makkelijk aan je geven?" zei de Meester in een lezing. "Je werkt zo hard voor geld en zo weinig voor Goddelijke realisatie! De hindoe heiligen zeggen dat als we ook maar vierentwintig uur achter elkaar

---

[34] Zie 'spirituele oog' in de verklarende woordenlijst.

zouden besteden aan ononderbroken gebed, God aan ons zal verschijnen of Zichzelf op een of andere manier aan ons bekendmaken. Als we slechts een uur per dag besteden aan diepe meditatie op Hem zal Hij na verloop van tijd tot ons komen."

• • •

Paramahansaji had een leerling met een intellectuele inslag aangeraden devotie te ontwikkelen. Toen hij vond dat de jongeman flinke vooruitgang boekte, zei hij op een dag liefdevol tegen hem: "Ga vastberaden door op het pad van devotie. Je leven was zo 'droog' toen je je alleen door je verstand liet leiden."

• • •

"Verlangens zijn de meest meedogenloze vijanden van de mens; hij kan ze nooit tevreden stellen" zei de Meester. "Heb maar één verlangen: God te kennen. Ook al kom je tegemoet aan je zintuiglijke verlangens, toch zul je geen vervulling vinden omdat je niet je zintuigen bent. Je zintuigen zijn slechts je dienaren, niet je Zelf."

• • •

Toen Paramahansaji en zijn leerlingen bij de open haard in de zitkamer van de Hermitage zaten en spraken over spirituele onderwerpen, zei hij: "Stel je twee mensen voor. Aan hun rechterkant is de vallei van het leven, aan hun linkerkant is de vallei van de dood. Ze gebruiken allebei

Uitspraken van Paramahansa Yogananda

hun gezonde verstand, maar de één gaat naar rechts en de ander naar links. Waarom? Omdat de één zijn onderscheidingsvermogen op de goede manier heeft gebruikt en de ander dat vermogen heeft misbruikt door zich te verliezen in onjuiste rationalisaties."

• • •

"Meester, dr. Lewis was toch uw eerste leerling in dit land?" Paramahansaji antwoordde: "Dat zeggen ze." Toen hij zag dat dit de vragensteller verwarde, voegde de Meester eraan toe: "Ik zeg nooit dat anderen mijn leerlingen zijn. God is de Guru; het zijn Zijn leerlingen."

• • •

Een student betreurde het dat er in de kranten vooral aandacht werd besteed aan het kwaad in de wereld. "Het kwade verspreidt zich als de wind" zei de Meester. "De waarheid is in staat tegen de wind in te reizen."

• • •

Veel mensen waren nieuwsgierig naar de leeftijd van de Meester. Dan lachte hij en zei: "Ik heb geen leeftijd. Ik bestond al voor de atomen, voor de dageraad van de schepping." Aan de leerlingen gaf hij deze raad: "Houd jezelf deze waarheid voor: 'Ik ben de oneindige Oceaan die zich heeft gedeeld in vele golven. Ik ben eeuwig en onsterfelijk. Ik ben Geest.'"

 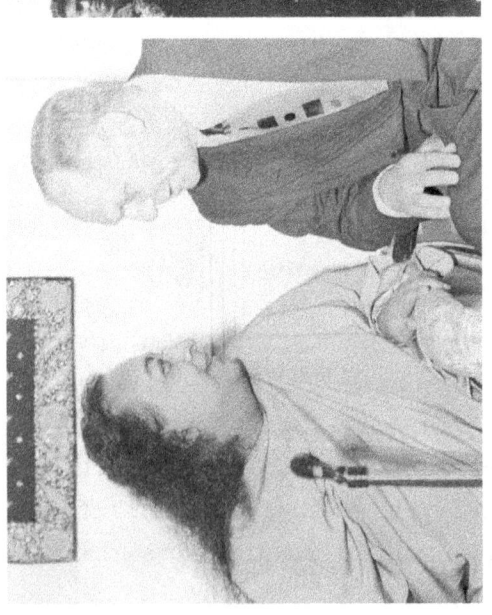 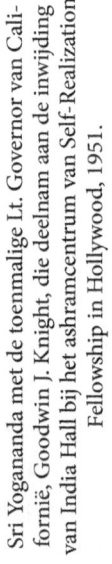

Sri Yogananda met de toenmalige Lt. Governor van Californië, Goodwin J. Knight, die deelnam aan de inwijding van India Hall bij het ashramcentrum van Self-Realization Fellowship in Hollywood, 1951.

Paramahansaji met zijn gasten, Amala en Uday Shankar, vooraanstaande vertolkers van de klassieke hindoe-dans en hun gezelschap dansers en musici (waaronder de briljante sitarspeler Ravi Shankar, broer van Uday Shankar); ashramcentrum van Self-Realization Fellowship in Encinitas, Californië, 1950.

Uitspraken van Paramahansa Yogananda

• • •

"Hoe komt het dat de aarde in zijn baan blijft?" vroeg Paramahansaji aan een leerling. "Door de centripetale kracht ofwel de aantrekkingskracht van de zon, Meester. Die zorgt ervoor dat de aarde niet zoek raakt in de ruimte" antwoordde de jongeman. "Hoe komt het dan dat de aarde niet helemaal in de zon wordt getrokken?" ging de Meester verder. "Door de centrifugale kracht in de aarde, Meester, die zorgt dat de aarde een bepaalde afstand bewaart tot de zon."

De Meester glimlachte veelzeggend. Later realiseerde de devotee zich dat Paramahansaji in beelden had gesproken over God als de zon met zijn aantrekkingskracht en de ego-gestuurde mens als de aarde die 'afstand bewaart'.

• • •

Een student probeerde door verstandelijk analyseren te doorgronden wat God is. De Meester zei: "Denk niet dat je de Oneindige God met je verstand kunt bevatten. Het verstand kan alleen het principe van oorzaak en gevolg begrijpen dat geldt in de wereld van de verschijnselen. Het verstand is niet bij machte de transcendente waarheid en de aard van het Oorzaakloze Absolute te begrijpen. Het hoogste vermogen van de mens is niet het verstand maar de intuïtie: inzicht dat rechtstreeks en spontaan voortkomt uit de ziel, niet uit de feilbare werking van de zintuigen of het verstand."

Uitspraken van Paramahansa Yogananda

• • •

Toen hij een meningsverschil tussen twee studenten oploste, zei de Meester: "De mens heeft maar één echte vijand: onwetendheid. Laten we allemaal samenwerken om die op te heffen, en elkaar onderweg helpen en bemoedigen."

• • •

"Hoe kan God, het ongemanifesteerde absolute, in zichtbare vorm[35] aan een devotee verschijnen?" vroeg iemand. De Meester zei: "Als je twijfelt, zul je niet zien; als je ziet, zul je niet twijfelen."

• • •

"Maar Meester" verdedigde een leerling zich, "ik heb me niet gerealiseerd dat mijn woorden M. zouden kwetsen." De Meester antwoordde: "Ook al overtreden we een wet zonder het te weten of doen we iemand onbedoeld pijn, dan nog zijn we fout geweest. Het is het ego dat ons de verkeerde kant op stuurt. Heiligen begaan geen domheden, omdat ze het ego achter zich hebben gelaten en hun ware identiteit in God hebben gevonden."

• • •

Een leerling liet zijn afschuw blijken over iemand wiens misdaden in de kranten waren besproken. "Ik

---

[35] Zie 'Goddelijke moeder' in de verklarende woordenlijst.

heb medelijden met iemand die ziek is" zei de Meester. "Waarom zou ik iemand haten die ten prooi is gevallen aan het kwaad? Hij is heel erg ziek."

• • •

"Wanneer de wanden van een reservoir breken" zei de Meester "stroomt het water alle kanten op. Zo breidt het bewustzijn van de mens zich uit tot in het oneindige en versmelt in de alomtegenwoordigheid van de Geest wanneer rusteloosheid[36] en illusie door meditatie zijn opgeheven."

• • •

"Waarom geeft God ons een gezin als Hij niet wil dat we daar meer van houden dan van anderen?" vroeg een student. "Door ons in een gezin te plaatsen, geeft God ons de gelegenheid ons egoïsme te overwinnen en het gemakkelijker te maken aan anderen te denken" antwoordde de Meester. "In vriendschappen geeft Hij ons de kans onze genegenheid voor mensen verder uit te breiden. Maar daarmee houdt het nog niet op; we moeten onze liefde blijven verruimen tot ze goddelijk wordt en alle wezens in de schepping omvat. Hoe kunnen we anders één worden met God, de Vader van allen?"

• • •

De guru gaf de volgende treffende beschrijving van Gods

---

[36] Zie 'adem' in de verklarende woordenlijst.

geduldige liefde: "In één van Zijn aspecten, een heel aandoenlijk aspect, kun je God een bedelaar noemen. Hij hunkert naar onze aandacht. De Meester van het universum, voor Wiens blik alle sterren, zonnen, manen en planeten sidderen, loopt ons achterna en zegt: 'Wil je Me je liefde niet geven? Houd je dan niet méér van Mij, de Gever, dan van de dingen die Ik voor je heb gemaakt? Wil je niet op zoek gaan naar Mij?'

Maar de mens zegt: 'Ik heb het nu te druk; ik heb werk te doen. Ik heb geen tijd om naar U te zoeken.' En God zegt: 'Ik zal wachten.'"

• • •

De Meester gaf een voordracht over de schepping en waarom God deze in gang had gezet. De leerlingen hadden veel vragen. Paramahansaji lachte en zei: "Dit leven is een door God geschreven Meesterwerk en de mens zou gek worden als hij probeerde het alleen met zijn verstand te begrijpen. Daarom zeg ik jullie meer te mediteren. Als je de magische kelk van je intuïtie vergroot, zul je de oceaan van oneindige wijsheid kunnen bevatten."

• • •

"Ik begrijp dat u twee soorten leden hebt: zij die in de wereld leven en religieuzen die in de ashram wonen" zei een bezoeker. "Wie volgt de beste weg?" "Sommige mensen houden zoveel van God dat niets anders er toe doet. Zij treden in en werken hier alleen voor God" antwoordde de

Meester. "Maar mensen die in de wereld moeten werken om zichzelf en hun gezin te onderhouden zijn niet uitgesloten van contact met God. Normaal gesproken zullen ze langer nodig hebben om God te vinden, dat is alles."

• • •

Een man klaagde dat alles hem tegenzat. "Het moet mijn karma zijn" zei hij. "Niets lijkt me te lukken." "Dan moet je meer je best doen" antwoordde de Meester. "Vergeet het verleden en vertrouw meer op God. Ons lot is niet vooraf bepaald door Hem, en ook is karma niet de enige factor, ook al wordt ons leven beïnvloed door onze gedachten en daden uit het verleden. Als je niet gelukkig bent met hoe je leven zich ontwikkelt, verander dan het patroon. Ik houd er niet van als mensen zuchten en hun mislukkingen wijten aan fouten uit vorige levens; dat is spirituele luiheid. Ga aan het werk en wied het onkruid uit de tuin van je leven."

• • •

"Waarom straft God de mensen niet die Zijn naam bespotten?'" vroeg een student. De Meester zei: "God is niet gevoelig voor onoprechte gebeden of lofprijzingen, noch voor uit onwetendheid voortkomende atheïstische uitbarstingen. Hij geeft de mens alleen antwoord door Zijn wet. Als je met je vuist tegen een steen slaat of zwavelzuur drinkt, zul je de gevolgen moeten dragen. Als je Zijn wetten van het leven breekt, is lijden onvermijdelijk. Denk op de juiste manier, gedraag je waardig en je zult vrede vinden. Houd onvoorwaardelijk van God en Hij zal komen!"

• • •

"De grootste mens is degene die zichzelf de minste vindt, zoals Jezus leerde" zei Paramahansaji. "Een echte leider is iemand die eerst heeft geleerd te gehoorzamen aan anderen, die zichzelf ziet als de dienaar van alle mensen, en die zichzelf nooit op een voetstuk plaatst. Mensen die gevleid willen worden verdienen onze bewondering niet, maar wie ons dient, heeft recht op onze liefde. Is God niet de dienaar van Zijn kinderen? En vraagt Hij erom geprezen te worden? Nee, hij is te groot om daardoor geraakt te worden."

• • •

De Meester gaf voorgangers van Self-Realization Fellowship advies bij het voorbereiden van hun preken. Hij zei: "Mediteer eerst diep. Houd het vredige gevoel vast dat je krijgt in de meditatie en denk na over het onderwerp van je lezing. Schrijf je ideeën op en voeg een of twee grappige verhaaltjes toe, want mensen lachen graag. Eindig met een citaat uit de SRF lessen.[37] Leg dan je aantekeningen weg en denk er niet meer aan. Vlak voordat je je preek in de kerk gaat houden, vraag je God om door je woorden te stromen. Op deze manier komt je inspiratie van Hem en niet van je ego."

---

[37] Zie 'SRF lessen' in de verklarende woordenlijst.

Uitspraken van Paramahansa Yogananda

• • •

Een vrouw vertelde de guru dat ze regelmatig zijn tempeldiensten bijwoonde maar zich toch niet dichter bij God voelde. Paramahansaji antwoordde: "Als ik je vertel dat een vrucht een bepaalde kleur heeft, dat hij zoet is, en hoe hij groeit, dan weet je er nog niets wezenlijks over. Om zijn unieke smaak te kennen moet je hem zelf eten. Zo zul je ook de waarheid zelf moeten ervaren om haar te kennen."

Hij voegde eraan toe: "Ik kan alleen je eetlust opwekken, maar om het goddelijk fruit te proeven moet je zelf in actie komen en een hap nemen!"

• • •

"We zijn allemaal golven op het oppervlak van de Oceaan" zei de Meester. "De zee kan bestaan zonder de golven, maar de golven kunnen niet bestaan zonder de zee. Zo kan God bestaan zonder de mens, maar de mens niet zonder God."

• • •

Een devotee worstelde met zijn zwakheden, maar slaagde er niet in ze te overwinnen. De Meester zei tegen Hem: "Op dit moment vraag ik je niet *maya* te overwinnen. Ik vraag je alleen er weerstand aan te bieden."

• • •

Tegen een nieuwe student die heel graag wilde ontsnappen aan de beproevingen van het leven zei de Meester: "De

Uitspraken van Paramahansa Yogananda

Goddelijke Geneesheer houdt je in het ziekenhuis van de aardse illusie tot je genezen bent van je verlangen naar materiële zaken. Dan laat Hij je naar Huis gaan."

• • •

Bij een lezing aan de oostkust van Amerika ontmoette de Meester een vooraanstaande zakenman. In de loop van het gesprek zei de man: "Ik ben afgrijselijk gezond en afgrijselijk rijk." "Maar toch lijkt u niet afgrijselijk gelukkig" reageerde de Meester. De man moest dit toegeven en werd een toegewijde student van Paramahansaji's Kriyayoga leer.

• • •

'Zie, Ik sta voor de deur en Ik klop. Als iemand mijn stem hoort en de deur opent, zal Ik bij hem binnenkomen en maaltijd met hem houden en hij met Mij.'[38] Verwijzend naar deze passage uit de Bijbel zei de Meester: "Christus probeert binnen te komen in je hart, maar je hebt de deur vergrendeld met onverschilligheid."

• • •

"Het is goed dat u nu uw boodschap in Amerika verkondigt, meneer. Na twee wereldoorlogen zijn mensen ontvankelijker voor uw spirituele boodschap" zei iemand die vlak daarvoor de *Autobiography of a Yogi* had gelezen. "Ja" antwoordde de Meester. "Vijftig jaar geleden zouden ze

---

[38] Openbaring 3:20

niet geïnteresseerd zijn geweest. 'Alles heeft zijn uur, alle dingen onder de hemel hebben hun tijd.'" [39]

• • •

De Meester merkte dat sommige leerlingen door de snelle groei van Self-Realization Fellowship, de organisatie die hij had gesticht om zijn leer te verspreiden, teveel opgingen in hun werk. Hij waarschuwde hen: "Wees nooit te druk om in stilte tot God te zingen: 'U bent van mij; ik ben van U.'"

• • •

Toen hij zag dat een leerling verdrietig was, zei de Meester liefdevol: "Wanneer de doorn van het lijden je hart doorboort, verwijder hem dan met de doorn van meditatie."

• • •

"Dit is geen pad voor passieve mensen" zei de Meester toen hij een nieuwe bewoner van het Centrum op Mount Washington welkom heette. "Gemakzuchtige mensen kunnen God, de Onvermoeibare Arbeider in de schepping, niet vinden. Mensen die van mening zijn dat Hij alle werk moet doen, helpt Hij niet. Maar in het geheim ondersteunt Hij hen die hun plichten opgewekt en intelligent vervullen en die zeggen: 'God, U bent het die mijn hersenen en mijn handen gebruikt.'"

---

[39] Prediker 3:1

Uitspraken van Paramahansa Yogananda

• • •

Een student beklaagde zich dat hij het te druk had om te mediteren. Het antwoord van de Meester was kort maar krachtig: "En als God het nou te druk had om voor jou te zorgen?"

• • •

"Het menselijk lichaam is een idee in de geest van God" zei de Meester. "Hij heeft ons gemaakt uit stralen van onsterfelijk licht [40] en ons gekleed in een omhulsel van vlees. We hebben onze aandacht gericht op de zwakheden van het vergankelijke vlees in plaats van op de eeuwige levensenergie erin."

• • •

"God lijkt vaag en ver weg" vond een student. "God lijkt alleen ver weg omdat je aandacht naar buiten is gericht op Zijn schepping in plaats van naar binnen op Hem" zei de Meester. "Steeds als je geest ronddwaalt in het doolhof van ontelbare wereldse gedachten, breng je aandacht dan altijd weer geduldig terug naar God binnenin je. Op een gegeven moment zul je ontdekken dat Hij altijd bij je is – een God die met je praat in je eigen taal, een God die je uit elke bloem en struik en elk grassprietje aankijkt. Dan zul je zeggen: 'Ik ben vrij! Ik ben gekleed in de tedere sluier van de Geest; ik vlieg van de aarde naar de hemel op vleugels van licht.' Wat een vreugde zal je wezen vervullen!"

---

[40] 'Wanneer dus uw oog helder is, *zal heel uw lichaam verlicht zijn*.' (Matteus 6:22)

Uitspraken van Paramahansa Yogananda

• • •

"Kunt u aan iemand zien hoe ver hij spiritueel gevorderd is?" vroeg een leerling aan Paramahansaji. "Ja, onmiddellijk" antwoordde de Meester rustig. "Ik zie de verborgen kant van mensen omdat dit nu eenmaal mijn werk is in dit leven. Maar ik spreek niet over wat ik waarneem. Wie verblind door zijn ego beweert de waarheid te kennen, kent haar niet. Wie de waarheid kent omdat hij God kent, zwijgt."

• • •

Tegen een leerling die de Meester regelmatig vroeg haar Goddelijk bewustzijn te geven, maar zelf niets deed om zich op die staat voor te bereiden, zei hij: "Iemand die werkelijk van God houdt, kan in zijn verdwaalde broeders en zusters het verlangen opwekken terug te keren naar hun thuis in Hem. Maar zij zullen zelf, stap voor stap, de reis daadwerkelijk moeten maken."

• • •

Elk jaar daags voor kerstmis kwamen de leerlingen in het Centrum op Mount Washington bij elkaar om met de Meester te mediteren. De gezegende bijeenkomst duurde meestal de hele dag tot in de avonduren. Bij de kerstmeditatie van 1948 verscheen de Goddelijke Moeder aan de Meester en diep onder de indruk hoorden de leerlingen hem met Haar spreken. Herhaaldelijk riep hij met een diepe zucht: "O, U bent zo mooi!"

Paramahansaji vertelde veel van de devotees die aanwezig waren wat Haar wensen waren voor hun leven. Plotseling riep hij: "Ga niet weg! U zegt dat de onderbewuste materiële verlangens van deze mensen u verjagen? O, kom toch terug! Kom toch terug!"

• • •

"Ik heb nooit in de hemel kunnen geloven, Meester" zei een nieuwe student. "Bestaat die echt?" "Ja," antwoordde Paramahansaji. "Mensen die van God houden en hun vertrouwen in Hem stellen gaan daar naar toe als ze sterven. Op dat astrale niveau[41] heb je het vermogen met de kracht van je gedachten onmiddellijk te materialiseren wat je maar wilt. Het astrale lichaam bestaat uit fonkelend licht. In die werelden zijn er kleuren en geluiden die de aarde niet kent. Het is een prachtige, heerlijke wereld, maar zelfs de ervaring van de hemel is nog niet de hoogste staat. De mens bereikt de uiteindelijke zaligheid wanneer hij de sferen van de verschijnselen overstijgt en God en zichzelf realiseert als Absolute Geest."

• • •

"De diamant en het houtskool die naast elkaar liggen ontvangen allebei evenveel zonlicht; maar pas als het houtskool diamant is geworden, wit en helder, kan het het zonlicht weerkaatsen" zei de Meester. "Zo kan een gewoon mens, die spiritueel in duisternis is gehuld, niet vergeleken

---

[41] Zie 'astrale werelden' in de verklarende woordenlijst.

Uitspraken van Paramahansa Yogananda

worden met de schoonheid van de gelouterde devotee die het licht van God kan weerspiegelen."

• • •

"Onthoud je van geroddel en het verspreiden van geruchten" zei de Meester tegen een groep leerlingen. "Geef een leugen een voorsprong van vierentwintig uur en hij lijkt soms wel onsterfelijk te worden. Een man die vroeger in de ashram woonde vertelde vaak onwaarheden over anderen. Op zekere dag verspreidde hij een ongefundeerd gerucht over een jongen. Toen ik hiervan hoorde, fluisterde ik een paar mensen een onschuldig leugentje in over deze man. Hij kwam naar me toe en zei verontwaardigd: 'Moet u horen wat alle mensen hier over me zeggen!' Ik luisterde beleefd. Toen hij klaar was zei ik: 'Dat vind je niet leuk, hè?' 'Nee, natuurlijk niet!' 'Dan weet je nu ook hoe die jongen zich voelde toen anderen de leugen doorvertelden die jij over hem had verspreid.' De man was in verlegenheid gebracht. Ik ging verder: 'Ik was het die dat verhaal over je heeft verspreid. Dat heb ik gedaan om je te leren rekening te houden met anderen – een les die je op geen andere manier hebt weten te leren.'"

• • •

"Ga diep in je meditatie" zei de Meester tegen een groep leerlingen. "Zodra je jezelf toestaat rusteloos te worden, komen de oude problemen weer terug: verlangen naar seks, wijn en geld."

Uitspraken van Paramahansa Yogananda

• • •

"Het lijkt erop dat de mens maar weinig vrije wil heeft" merkte een student op. "Er is zoveel in mijn leven dat vast ligt."
"Keer je tot God en je zult zien dat je de ketenen van gewoontes en omgeving kunt afwerpen" antwoordde de Meester. "Het drama van het leven mag dan bepaald worden door een kosmisch plan, de mens kan zijn rol veranderen door het centrum van zijn bewustzijn te veranderen. Het Zelf dat zich identificeert met het ego is gebonden; het Zelf dat zich identificeert met de ziel is vrij."

• • •

Een bezoeker aan het Centrum op Mount Washington zei tegen Paramahansaji: "Ik geloof in God. Maar Hij helpt me niet." "Er is een verschil tussen geloof in God en vertrouwen in God" antwoordde de Meester. "Geloof heeft geen waarde als je het niet op de proef stelt en ernaar leeft. Geloof dat is omgezet in ervaring wordt vertrouwen. Daarom zei de profeet Maleachi: 'Stel Mij maar eens op de proef', zegt Jahwe van de legerscharen, 'of Ik de luiken van de hemel niet voor u openzet en of Ik niet zegen over u uitstort, meer dan gij kunt opnemen.'"[42]

• • •

Een student had een ernstige fout gemaakt. Ze jammerde: "Ik heb me er steeds op toegelegd goede gewoontes

---
[42] Maleachi 3:10

Uitspraken van Paramahansa Yogananda

te kweken. Ik kan haast niet geloven dat zoiets ergs mij is overkomen." "Je fout was dat je te veel hebt vertrouwd op je goede gewoontes en het voortdurend ontwikkelen van onderscheidingsvermogen hebt verwaarloosd" zei de Meester. "Je goede gewoontes helpen je in gewone en vertrouwde situaties maar kunnen wel eens tekortschieten als zich een nieuw probleem voordoet. Dan is onderscheidingsvermogen nodig. Door dieper te mediteren zul je leren in alles de juiste koers te varen, zelfs als je te maken hebt met uitzonderlijke omstandigheden." Hij voegde er aan toe:

"De mens is geen automaat en kan daarom niet altijd alles goed doen door domweg vaste regels en starre morele voorschriften te volgen. De grote verscheidenheid aan dagelijkse problemen en gebeurtenissen bieden ons gelegenheid onderscheidingsvermogen te ontwikkelen." Op zekere dag berispte Paramahansaji een monnik die zich niet goed had gedragen. De leerling vroeg: "Maar U vergeeft me toch wel, Meester?" De Meester zei: "Tja, wat kan ik anders?"

• • •

Een grote groep vrouwelijke leerlingen, jong en oud, genoot van een picknick met de Meester in de tuinen van de Self-Realization Fellowhip Ashram in Encinitas die uitkijken over de Stille Oceaan. Paramahansaji zei: "Hoeveel beter is dit niet dan het vermaak waarmee rusteloze wereldse mensen hun tijd verdoen. Jullie vergaren allemaal een schat aan vrede en geluk. God wil dat Zijn kinderen eenvoudig leven en tevreden zijn met onschuldige genoegens."

• • •

"Hou je niet bezig met de fouten van anderen" zei de Meester. "Gebruik de reinigende kracht van de wijsheid om de kamers van je eigen geest stralend en brandschoon te houden. Door jouw voorbeeld zul je andere mensen inspireren hun eigen huis schoon te maken."

• • •

Twee leerlingen waren ten onrechte boos op een van hun medebroeders en gingen met hun klachten naar de Meester. Hij luisterde in stilte. Toen ze klaar waren, zei hij: "Verander jezelf."

• • •

"Leer je kinderen hun wil op de juiste manier te ontwikkelen, zodat ze zich niet laten leiden door eigenbelang want dat leidt maar tot ongeluk" zei de Meester tegen een moeder. "Beknot ze niet in hun vrijheid en houd ze niet onnodig kort. Geef ze je aanwijzingen met liefde en begrip omdat hun eigen kleine verlangens belangrijk voor ze zijn. Als je ze straft in plaats van met ze te praten, zul je hun vertrouwen verliezen. Als een kind koppig is, leg het dan één keer je standpunt uit en zeg er verder niets meer over. Laat het rustig zijn hoofd een beetje stoten; zo leert hij sneller dan van wijze raad."
[In zijn eigen spirituele familie van leerlingen handelde

Paramahansa Yogananda sprekend bij de inwijding van Self-Realization Fellowship Lake Shrine en het Gandhi World Peace Memorial, Pacific Palisades, Californië, 1950.

Uitspraken van Paramahansa Yogananda

Paramahansaji ook volgens dit principe. Hij hielp 'kinderen' van alle leeftijden hun wil op de juiste manier te ontwikkelen. Hij gaf zijn suggesties met liefde en met volledig begrip voor de aard en specifieke behoefte van elke devotee. Hij waarschuwde iemand bijna nooit twee keer. Hij wees een leerling één keer op een fout en sprak er daarna niet meer over.]

• • •

"Het is moeilijk dicht bij een geurige roos te zijn of bij een vies ruikend stinkdier zonder er door beïnvloed te worden" zei de Meester. "Het is daarom beter alleen met menselijke rozen om te gaan."

• • •

"Uw leer spreekt me aan. Maar bent u een christen?" De vragensteller sprak voor de eerste keer met Paramahansaji. De guru antwoordde: "Zei Christus niet: 'Niet ieder die tot Mij zegt: Heer, Heer! zal binnengaan in het Koninkrijk der Hemelen, maar hij die de wil doet van mijn Vader die in de hemel is.'?[43] In de Bijbel betekent het woord 'heiden' iemand die afgoden vereert: iemand wiens aandacht niet op God is gericht maar op de verlokkingen van de wereld. Een werelds persoon kan op zondag naar de kerk gaan, maar dan nog is hij een heiden. Wie met het licht van zijn aandacht altijd bij de Hemelse Vader blijft en de geboden

---

[43] Matteus 7:21

van Jezus volgt, is een christen." Hij voegde eraan toe: "Ik laat het aan u over te beslissen of u denkt dat ik een christen ben of niet."

• • •

"Zie je hoe goed het is voor God te werken" zei de Meester tegen een bereidwillige en ijverige leerling. "Onze neiging tot egoïsme of zelfzuchtigheid is een test. Zijn we zo wijs om voor God te werken of zo dom voor onszelf te werken? Door alles met de juiste instelling te doen komen we tot het besef dat God de Enige is die alles doet, d.w.z. alle kracht is goddelijk en ontspringt aan het Enige Wezen, God."

• • •

"Het leven is een geweldige droom van God" zei de Meester. "Als het maar een droom is, waarom is pijn dan zo echt?" vroeg een student. "Als je je droom-hoofd tegen een droom-muur stoot doet dat droom-pijn" antwoordde Paramahansaji. "Een dromer is zich niet bewust dat het materiaal van de droom niet echt is, tot hij wakker wordt. Zo begrijpt de mens ook de misleidende aard van de kosmische droom van de schepping pas als hij ontwaakt in God."

• • •

De Meester benadrukte het belang van een leven waarin bezigheden en meditatie in evenwicht zijn. "Als je voor God werkt en niet voor jezelf" zei hij "is dat net zo goed als mediteren. Dan ondersteunt werk je meditatie en meditatie ondersteunt je werk. Je hebt het evenwicht nodig. Als je alleen maar mediteert, word je lui. Als je alleen maar in de weer bent, worden je gedachten werelds en vergeet je God."

• • •

"Het is zo mooi te weten dat God evenveel van ons allemaal houdt" zei een bezoeker, "maar het is toch niet eerlijk dat Hij evenveel zou geven om een zondaar als om een heilige?" "Is een diamant minder waard als hij bedekt is met modder?" vroeg de Meester. "God ziet de onveranderlijke schoonheid van onze ziel. Hij weet dat we niet onze fouten zijn."

• • •

Veel mensen lijken vooruitgang te willen tegenhouden, ze geven de voorkeur aan ingesleten gedachten en bezigheden. "Ik noem zulke mensen 'psychologische antiquiteiten'" zei de Meester tegen de leerlingen. "Zorg dat je niet zo iemand bent, opdat als je sterft de engelen niet zeggen: 'O, daar komt een antiek meubelstuk! Laten we het terugsturen naar de aarde!'"[44]

• • •

"Wat is het verschil tussen een werelds persoon en een slecht persoon?" vroeg een man. De Meester zei: "De meeste mensen zijn werelds, weinig mensen zijn echt slecht. 'Werelds

---

[44] Zie 'reincarnatie' in de verklarende woordenlijst.

zijn' houdt in dat je dom bent: onbeduidende dingen belangrijk vinden en uit onwetendheid afstand houden van God. Maar 'slecht' betekent dat je je welbewust afkeert van God; er zijn maar weinig mensen die dat zouden doen."

• • •

Een nieuwe student dacht dat hij door intensieve studie de leer van de Meester in zich op zou kunnen nemen zonder te hoeven mediteren. Paramahansaji zei tegen hem:
 "Bewustwording van de waarheid moet van binnen uit groeien. Het kan niet van buitenaf worden ingebracht."

• • •

"Treur niet als je geen lichten of beelden ziet in meditatie" zei de Meester tegen de devotees. "Ga helemaal op in de ervaring van Vreugde; daar zul je God zelf vinden. Zoek niet een deel maar het Geheel."

• • •

Een student die door de Meester was ingewijd in Kriyayoga zei tegen een andere student: "Ik doe Kriyayoga niet dagelijks. Ik probeer de herinnering vast te houden aan de blijdschap die ik voelde toen ik de techniek de eerste keer toepaste." Toen Paramahansaji dit verhaal hoorde, lachte hij en zei: "Hij is als een hongerige man die voedsel weigert en zegt: 'Nee, dank je. Ik probeer het voldane gevoel vast te houden dat ik vorige week had na een maaltijd.'"

Uitspraken van Paramahansa Yogananda

• • •

"Meester, ik houd van iedereen' zei een leerling. "Houd alleen van God" antwoordde Paramahansaji.

Een paar weken later kwam de leerling Paramahansaji tegen. Hij vroeg haar: "Houd je van anderen?" "Ik bewaar mijn liefde alleen voor God' antwoordde de devotee.

"Heb alle mensen lief met diezelfde liefde." De verbijsterde leerling zei: "Meester, wat bedoelt u? Eerst zegt u dat het fout is van alle mensen te houden; dan zegt u dat het fout is om iemand uit te sluiten."

"Je voelt je aangetrokken tot de persoonlijkheid van mensen, dat leidt tot beperkende gehechtheden" legde de Meester uit. "Als je echt van God houdt, zul je Hem in elk gezicht zien, en zul je weten wat het betekent van alle mensen te houden. Het zijn niet de verschijningsvormen en ego's die we moeten aanbidden, maar God die woont in elk mens. Hij is het die Zijn schepselen bezielt met leven, bekoorlijkheid en individualiteit."

• • •

Een leerling sprak zijn verlangen uit om het de Meester naar de zin te maken. Paramahansaji antwoordde: "Ik ben gelukkig als ik weet dat jij gelukkig bent in God. Wees verankerd in Hem."

• • •

"Mijn verlangen naar God is heel intens" zei een leerling.

Uitspraken van Paramahansa Yogananda

De Meester antwoordde: "Dat is de grootste zegen: te voelen dat Hij aan je hart trekt. Het is Zijn manier om te zeggen: 'Te lang heb je gespeeld met het speelgoed in Mijn schepping. Nu wil Ik je bij Me hebben. Kom thuis!'"

• • •

Enkele monniken en nonnen van de Self-Realization Orde bespraken met Paramahansaji de waarde van het dragen van religieuze kleding als steun bij het zoeken naar God. De Meester zei: "Het gaat niet om je kleding maar om je houding. Maak van je hart een hermitage en van je liefde voor God je habijt."

• • •

Toen de Meester sprak over hoe dom het is in slecht gezelschap te verkeren, zei hij: "Als je knoflook pelt of een rot ei aanraakt blijft een vieze geur aan je handen hangen, en die moet je dan heel lang wassen."

• • •

"Zo lang we helemaal opgaan in het lichaamsbewustzijn, zijn we als vreemdelingen in een ver land" zei de Meester. "Ons echte thuis is Alomtegenwoordigheid."

• • •

"Een groepje leerlingen wandelde met de Meester op het grasveld van de hermitage in Encinitas, dat uitkijkt over de oceaan. Het was erg mistig en donker. Iemand merkte op: "Wat is het koud en somber!"

"Het lijkt een beetje op de atmosfeer die een materialistisch persoon omhult op het moment van zijn dood" zei de Meester. "Hij glijdt weg uit deze wereld en komt terecht in wat een dichte mist lijkt. Niets is helder voor hem, en hij voelt zich een tijdje verloren en angstig. Dan, overeenkomstig zijn karma, gaat hij verder naar een stralende astrale wereld om spirituele lessen te leren of hij zakt weg in een bewusteloze staat tot het juiste karmische moment aangebroken is om opnieuw geboren te worden op aarde. Het bewustzijn van een devotee daarentegen, iemand die van God houdt, raakt niet verstoord door de overgang van deze wereld naar de volgende. Hij gaat moeiteloos binnen in een sfeer van licht, liefde en vreugde."

• • •

Het internationale hoofdkwartier van Self-Realization Fellowship/Yogoda Satsanga Society of India, op Mount Washington, Los Angeles, Californië.

"De meeste mensen gaan helemaal op in materiële dingen" zei de Meester. "Als ze al aan God denken is dat alleen om Hem te vragen om geld of gezondheid. Ze bidden haast nooit om de ultieme gave: Zijn aangezicht zien, de transformerende aanraking van Zijn hand voelen. God kent onze gedachten. Hij openbaart Zich niet zolang we ons laatste wereldse verlangen niet aan Zijn voeten hebben gelegd; totdat elk van ons zegt: 'Vader, leid me en neem bezit van me.'"

Uitspraken van Paramahansa Yogananda

• • •

"Hoe je een kompas ook draait, de naald zal altijd naar het noorden wijzen" zei de Meester. "Zo is het ook met een echte yogi. Hij mag dan druk zijn met allerlei bezigheden in de buitenwereld, zijn gedachten zijn altijd bij God. Zijn hart zingt voortdurend: 'Mijn God, mijn God, mijn allerliefste!'"

• • •

"Verwacht niet elke dag een spirituele bloem in de tuin van je leven" zei de Meester tegen een groep leerlingen. "Heb vertrouwen dat de Heer, aan wie je jezelf hebt gegeven, je op het juiste moment goddelijke vervulling zal geven. Je hebt het zaad van verlangen naar God al gezaaid; geef het water met gebeden en goede daden. Verwijder het onkruid van twijfel, besluiteloosheid en passiviteit. Wanneer kiemen van goddelijk inzicht verschijnen, zorg er dan met toewijding voor. De ochtend zal komen dat je de bloem van Zelfrealisatie ziet."

• • •

Paramahansaji gaf een voordracht voor een groep leerlingen. Een leerling die aandachtig leek te luisteren naar de woorden van de guru liet zijn gedachten afdwalen. Toen het tijd was naar bed te gaan, zei Paramahansaji tegen hem: "De geest is als een paard; als je hem niet vastbindt, gaat hij er vandoor."

• • •

Uitspraken van Paramahansa Yogananda

Veel mensen begrijpen spirituele waarheden niet en verzetten zich daarom tegen de hulp die een wijze hun graag wil geven. Ze zijn wantrouwig en slaan zijn raad in de wind. Op zekere dag verzuchtte Paramahansaji: "Mensen zijn zo bedreven in hun onwetendheid."

• • •

Een oprechte nieuwe leerling, die van de ene op de andere dag als bij toverslag resultaat verwachtte, was teleurgesteld toen hij na een week mediteren nog geen teken van Gods aanwezigheid in zichzelf had kunnen ontdekken.

"Als je na één of twee keer duiken de parel niet hebt gevonden, geef dan niet de oceaan de schuld. Zoek de fout in je manier van duiken" zei de Meester. "Je hebt nog niet diep genoeg gedoken."

• • •

"Door het beoefenen van meditatie" zei de Meester "zul je ontdekken dat je altijd een paradijs meedraagt in je hart."

• • •

De Meester was in veel opzichten heel zachtmoedig, maar als het nodig was, kon hij onbuigzaam zijn. Een leerling die alleen de zachte kant van Paramahansaji had gezien, begon zijn taken te verwaarlozen. De guru gaf hem een fikse uitbrander. Toen hij de verbazing zag in de ogen van de jongeman over deze onverwachte terechtwijzing, zei de Meester: "Als jij het hoge doel vergeet waarvoor je hier bent, dan herinner ik me mijn spirituele plicht om je fouten te corrigeren."

• • •

De guru benadrukte hoe belangrijk het is volledig oprecht te zijn met God. Hij zei: "Je kunt God niet omkopen met het aantal kerkgangers of met de rijkdom van de kerk of met goed voorbereide preken. God bezoekt alleen het altaar van een hart dat is gezuiverd met tranen van devotie en verlicht met kaarsen van liefde."

• • •

Een devotee had het er moeilijk mee dat medeleerlingen grotere spirituele vooruitgang leken te maken dan hij. De Meester zei: "Je houdt je blik gericht op de grote schaal in plaats van op je eigen bord en denkt aan wat je niet hebt gekregen in plaats van wat jou wel is gegeven."

• • •

De Meester zei vaak van zijn grote familie waarheidszoekers: "De Goddelijke Moeder heeft me al deze zielen gestuurd om me uit de kelk van vele harten de nectar van Haar liefde te laten drinken."

• • •

Een volgeling die veel belang hechtte aan het verspreiden van de boodschap van de Guru was steeds opgetogen als het aantal bezoekers aan de SRF tempel in Hollywood bijzonder groot was. Maar Paramahansaji zei: "Een winkelier houdt nauwkeurig bij hoeveel mensen er in zijn winkel komen. Zo denk ik niet over onze kerk. Ik zie graag 'een menigte zielen', zoals ik vaak zeg, maar ik geef mijn vriendschap onvoorwaardelijk aan allen, of ze hier nu komen of niet."

• • •

Tegen een ontmoedigde leerling zei de Meester: "Wees niet negatief. Zeg nooit dat je geen vooruitgang boekt. Als je denkt 'Ik kan God niet vinden' roep je dat vonnis over jezelf af. Niemand anders houdt God bij je weg."

• • •

"Meester, zeg me welk gebed me het snelst bij de Goddelijke Geliefde brengt" zei een hindoe devotee. Paramahansaji zei: "Geef God de juweeltjes van de gebeden die diep verborgen liggen in de kluis van je eigen hart."

• • •

De Meester, die altijd vrijgevig was, en alles weggaf wat hij had gekregen, zei eens: "Ik geloof niet in liefdadigheid." Toen hij de verwonderde gezichten van zijn leerlingen zag, voegde hij eraan toe: "Liefdadigheid maakt mensen tot slaaf. Je wijsheid delen met anderen, zodat ze zichzelf kunnen helpen, is veel beter dan welk materieel geschenk dan ook."

• • •

Uitspraken van Paramahansa Yogananda

"Je kunt een slechte gewoonte snel veranderen" zei de Meester tegen een leerling die om zijn hulp vroeg. "Een gewoonte is het gevolg van geconcentreerde aandacht van je geest. Je hebt een bepaald denkpatroon ontwikkeld. Om een nieuwe, goede gewoonte te vormen hoef je je aandacht alleen maar te concentreren op het tegenovergestelde."

• • •

"Wanneer je hebt geleerd gelukkig te zijn in het hier-en-nu, heb je de juiste weg naar God gevonden" zei de Meester tegen een groep leerlingen. "Dan zijn er maar weinig mensen die in het hier-en-nu leven" merkte een devotee op. "Dat is waar" antwoordde Paramahansaji. "De meeste mensen leven in gedachten aan verleden of toekomst."

• • •

Een student die veel teleurstellingen te verwerken kreeg, begon zijn vertrouwen in God te verliezen. Tegen hem zei de Meester: "Juist wanneer de Goddelijke Moeder je het hardst slaat, moet je je nog steviger aan Haar rok vastklampen."

• • •

Toen de Meester een groep leerlingen vertelde over hoe kwalijk het is te roddelen, zei hij: "Mijn guru Sri Yukteswar zei altijd: 'Als ik het niet aan iedereen mag vertellen, wil ik het niet horen.'"

Uitspraken van Paramahansa Yogananda

• • •

"De Heer schiep zowel de mens als *maya*. De toestanden van misleiding – boosheid, hebzucht, eigenbelang enzovoort – zijn Zijn uitvindingen, niet die van ons. Hij programmeert de beproevingen in de hindernisrace van het leven.

Een grote Indiase heilige bad vaak dit gebed: 'Hemelse Vader, ik heb er niet om gevraagd geschapen te worden; maar nu U me geschapen hebt, laat me alstublieft vrij in Uw geest.' Als je op deze manier liefdevol met God spreekt, moet Hij je wel mee naar Huis nemen."

• • •

"Wees niet onder de indruk als je geprezen wordt door kennissen die jou niet echt kennen" zei de Meester. "Vraag liever naar de mening van echte vrienden – mensen die je helpen jezelf te verbeteren en die je nooit vleien of je fouten goedpraten. Het is God die je leidt door de oprechtheid van echte vrienden."

• • •

Twee studenten kwamen samen naar het Centrum op Mount Washington om training te ontvangen. De andere devotees hadden een hoge dunk van hen. Maar na korte tijd vertrokken de twee weer. De Meester zei tegen de ashrambewoners: "Jullie waren onder de indruk van hoe ze zich gedroegen, maar ik observeerde hun gedachten.

Hoewel ze uiterlijk alle regels volgden, vlogen hun gedachten alle kanten op. Goed gedrag is van korte duur als je je geest niet met de juiste middelen zuivert."

• • •

Een man voelde zich sterk aangetrokken tot Paramahansaji maar volgde zijn raad niet op. De Meester zei: "Ik kan niet boos op hem zijn, want ook al maakt hij veel fouten, zijn hart verlangt naar God. Als hij me de kans zou geven zou ik hem vlug naar het Goddelijk Thuis leiden. Toch zal hij er op den duur komen. Hij is als een Cadillac die in de modder vastzit."

• • •

Tegen een ontevreden student zei de Meester: "Twijfel niet, anders zal God je uit de hermitage verwijderen. Zovelen komen hier op zoek naar wonderen. Maar Meesters laten van de vermogens die ze van God hebben gekregen niets merken totdat Hij ze daartoe opdracht geeft. De meeste mensen begrijpen niet dat de transformatie van hun leven door bereidwillige gehoorzaamheid aan Zijn wil het allergrootste wonder zou zijn."

• • •

"God heeft je hierheen gestuurd met een doel" zei de Meester. "Handel je ook in overeenstemming met dat doel? Je bent op aarde gekomen om een goddelijke missie te vervullen. Realiseer je hoe ontzettend belangrijk dat is!

Het internationale hoofdkwartier van Self-Realization Fellowship/Yogoda Satsanga Society of India, op Mount Washington, Los Angeles, Californië.

Uitspraken van Paramahansa Yogananda

Laat het kleine ego je niet in de weg staan bij het bereiken van een oneindig doel."

• • •

Een student voerde als excuus voor zijn gebrek aan spirituele vooruitgang aan dat hij moeite had zijn fouten te overwinnen. Intuïtief bespeurde Paramahansaji een diepere oorzaak en hij zei: "God trekt het zich niet aan dat je fouten hebt. Hij trekt zich je onverschilligheid aan."

• • •

Toen de Meester in 1923 uit Boston vertrok voor een reis dwars door Amerika om de leer van Self-Realization Fellowship te verspreiden, zei een van zijn studenten: "Meester, zonder Uw spirituele leiding zal ik me hulpeloos voelen. De Meester antwoordde: "Stel je vertrouwen niet in mij, maar in God."

• • •

Tegen enkele leerlingen in de ashram die in de weekenden vaak oude vrienden bezochten zei de Meester: "Jullie worden rusteloos en verdoen je tijd. Je kwam hier voor Godrealisatie en nu doe je jezelf tekort door je Doel te vergeten. Waarom zou je afleiding zoeken buiten de deur? Vind de Heer en ontdek wat je al die tijd hebt gemist!"

• • •

Uitspraken van Paramahansa Yogananda

Twee jonge leerlingen in de hermitage waren vaak in elkaars gezelschap. De Meester zei tegen hen: "Je beperkt jezelf als je gehecht bent aan een bepaalde persoon of aan slechts enkele mensen, en anderen uitsluit. Die manier van doen belemmert de groei van universele sympathie. Breid het koninkrijk van je genegenheid uit. Verspreid je liefde overal, houd van God in alles en iedereen."

• • •

Tijdens een avondwandeling met een groep leerlingen keek de Meester naar de sterren en zei: "Elk van jullie bestaat uit heel veel kleine sterretjes, sterretjes van atomen! Als je levensenergie bevrijd zou worden van het ego, zou je je meteen bewust zijn van het hele universum. Wanneer grote devotees sterven, voelen ze dat hun bewustzijn zich uitspreidt over de eindeloze ruimte. Het is een prachtige ervaring."

• • •

De Meester zei tegen de congregatie van de tempel van Self-Realization Fellowship in San Diego: "Laat de kerk je herinneren aan je eigen innerlijke kathedraal, waar je heen gaat in de stilte van de nacht en bij het aanbreken van de dag. Daar kun je luisteren naar de machtige orgelmuziek van *Aum*. Daarin kun je de preek van Goddelijke wijsheid horen."

• • •

Uitspraken van Paramahansa Yogananda

Op een avond toen de Meester aan het praten was met de leerlingen zei hij: "Bezittingen betekenen niets voor me maar vriendschap is me heel dierbaar. In echte vriendschap vang je een glimp op van de Vriend der Vrienden."

Hij zweeg even en ging toen verder: "Wees nooit oneerlijk tegen een vriend en verraad nooit iemand. Als je dat doet, bega je één van de grootste zondes voor het Goddelijk Tribunaal."

• • •

Paramahansaji verliet het Centrum op Mount Washington om een lezing te geven maar hij bleef even staan om met een van de leerlingen te spreken. De Meester zei: "Het is verstandig om een mentaal dagboek bij te houden. Ga elke avond voordat je naar bed gaat even zitten en loop de dag nog eens na. Kijk hoe je je ontwikkelt. Ben je blij met de richting die je leven opgaat? Zo nee, doe er wat aan."

• • •

Iemand gaf de Meester een televisie. Die werd in een kamer gezet waar alle leerlingen hem konden gebruiken. Ze gingen er zo vaak heen dat de Meester tegen hen zei: "Zolang je God niet hebt gevonden is het beter niet geïnteresseerd te zijn in vermaak. Als je afleiding zoekt, vergeet je Hem. Leer eerst van Hem te houden en Hem te kennen. Dan maakt het niet meer uit wat je doet omdat Hij dan altijd in je gedachten zal zijn."

Uitspraken van Paramahansa Yogananda

• • •

"Als je je overgeeft aan zintuiglijk genot leidt dit tot oververzadiging en weerzin" zei de Meester. "Deze voortdurende tegengestelde ervaringen maken een mens wispelturig en onbetrouwbaar. *Maya*, of de toestand van misleiding, wordt gekenmerkt door tegenpolen. Door te mediteren op God, de Enige Eenheid, verdrijft de devotee de afwisselende golven van plezier en pijn uit zijn gedachten."

• • •

"Meester, als ik ouder ben en meer van het leven heb gezien zal ik alles opgeven en God gaan zoeken. Nu is er nog te veel dat ik wil ontdekken en ervaren" zei een student.

Nadat hij de hermitage had verlaten, zei de Meester: "Hij gelooft nog steeds dat seks hetzelfde is als liefde en dat 'dingen' rijkdom zijn. Hij zal worden als een man die door zijn vrouw is verlaten en wiens huis is afgebrand. Denkend aan alles wat hij heeft verloren besluit de man 'alles op te geven'. God is niet erg onder de indruk van dit soort 'verzaking'. De student die zijn training heeft afgebroken zal pas bereid zijn alles op te geven als hij niets materieels meer heeft om op te geven."

• • •

"Het lijkt niet erg praktisch om de hele tijd aan God te denken" zei een bezoeker. De Meester antwoordde: "De wereld is het met u eens, en maakt de wereld mensen gelukkig? Werkelijke vreugde ontgaat de mens die God verlaat want God is de Gelukzaligheid Zelf. Op aarde leven Zijn devotees in een innerlijke hemel van vrede; maar mensen die Hem vergeten, brengen hun dagen door in een zelfgeschapen hel van onveiligheid en teleurstelling. Je bent pas echt praktisch als je God tot je vriend maakt."

• • •

Paramahansaji vroeg een leerling wat werk te doen in een Self-Realization Fellowship retreat in de woestijn. De devotee was liever niet gegaan omdat hij zich zorgen maakte over taken die hij had moeten laten liggen op het Centrum op Mount Washington. "Je nieuwe werk in de woestijn retreat is het enige waar je je nu mee moet bezighouden" zei de Meester tegen hem. "Voel je niet gehecht aan wat dan ook. Accepteer veranderingen gelijkmoedig en verricht al je taken vanuit goddelijke vrijheid, wat ze ook mogen zijn. Als God vandaag tegen me zou zeggen: 'Kom naar huis!' dan zou ik zonder ook maar één keer achterom te kijken al mijn verplichtingen hier loslaten – de organisatie, de gebouwen, de plannen, de mensen – en ik zou me haasten Hem te gehoorzamen. Het reilen en zeilen van de wereld is Zijn verantwoordelijkheid. Hij is Degene die alles doet, niet jij of ik." [45]

• • •

---
[45] Zie 'ego' in de verklarende woordenlijst.

Uitspraken van Paramahansa Yogananda

"Guruji" vroeg een leerling "als u de tijd kon terugdraaien naar het moment dat uw eigen meester u vroeg organisatorisch werk op u te nemen, zou u dan van harte instemmen – nu u weet wat een last het is om de verantwoordelijkheid te dragen voor zoveel andere mensen?" De Meester antwoordde: "Ja, dit werk leert je onbaatzuchtigheid."

• • •

Vaak werd aan Paramahansaji de eeuwenoude vraag gesteld waarom God het lijden toestaat. Geduldig legde hij dan uit: "Het lijden wordt veroorzaakt doordat mensen hun vrije wil misbruiken. God heeft ons het vermogen gegeven Hem aan te nemen of Hem te verwerpen. Hij wil niet dat we lijden maar Hij zal niet ingrijpen als we er zelf voor kiezen dingen te doen die lijden veroorzaken.

Mensen slaan de wijsheid van de heiligen in wind, maar verwachten wel dat ongewone omstandigheden of wonderen hen zullen redden wanneer ze in de problemen raken. De Heer kan alles; maar Hij weet dat de liefde en het goede gedrag van de mens niet met wonderen kunnen worden gekocht.

God heeft ons op weg gestuurd als Zijn kinderen en in die goddelijke rol moeten we naar Hem terugkeren. De enige manier om je met Hem te herenigen is door je eigen wil te gebruiken. Geen andere macht op aarde of in de hemel kan dat voor jou doen. Maar als je vanuit het diepst van je ziel naar Hem roept, stuurt God je een guru die je uit de wildernis van lijden naar Zijn huis van eeuwige vreugde leidt.

Uitspraken van Paramahansa Yogananda

De Heer heeft je vrije wil gegeven en Hij kan dus niet als een dictator optreden. Ook al is Hij Almachtig, Hij zal niet zorgen dat je bevrijd wordt van lijden als je het slechte pad kiest. Is het eerlijk te verwachten dat Hij je lasten van je afneemt als je gedachten en daden in strijd zijn met Zijn wetten? In het naleven van Zijn ethische wetten, zoals de Tien Geboden, ligt het geheim van het geluk."

• • •

Paramahansaji waarschuwde leerlingen regelmatig voor de gevaren van spirituele luiheid. "De minuten zijn belangrijker dan de jaren" zei hij altijd. "Als je de minuten van je leven niet vult met gedachten aan God, zullen de jaren voorbij glippen, en dan kan het zijn dat als je Hem het hardst nodig hebt je Zijn aanwezigheid niet kunt voelen. Maar als je de minuten van je leven vult met goddelijke aspiraties zullen de jaren vanzelf daarvan vervuld zijn."

• • •

In het oude India werd de term *guru* alleen gebruikt voor grote Meesters als Christus die hun leerlingen goddelijke realisatie konden geven. De volgelingen leefden naar de geboden van de heilige geschriften en maakten zich spiritueel ontvankelijk door onvoorwaardelijk te gehoorzamen aan de training van de heilige leermeester. Mensen uit het Westen hadden soms bezwaar tegen zo'n vrijwillige onderwerping van de persoonlijke vrijheid aan de wil van een ander, maar de Meester zei:

Uitspraken van Paramahansa Yogananda

"Als je je guru hebt gevonden moet je devotie voor hem onvoorwaardelijke zijn want hij is het voertuig van God. Het enige doel van de guru is de volgeling naar Zelfrealisatie te leiden. De liefde die een guru krijgt van een devotee wordt door de guru aan God gegeven. Wanneer een spirituele leermeester merkt dat een leerling op hem is afgestemd kan hij hem veel vlugger iets leren dan een leerling die zich tegen hem verzet.

Ik ben niet je leider, maar je dienaar. Ik ben als stof aan je voeten. Ik zie God in jullie en ik buig voor jullie allemaal. Ik wil je alleen vertellen van de grote vreugde die ik in Hem voel. Ik heb geen persoonlijke ambitie maar wel een heel grote ambitie om mijn spirituele vreugde te delen met alle volkeren van de aarde."

• • •

In een toespraak tot de ashrambewoners zei Sri Yogananda: "Op het spirituele pad word je als een klein kind – zonder rancune, zonder gehechtheden, vol leven en vreugde. Laat je door niets kwetsen of verstoren. Wees stil van binnen, open voor de Stem van God. Breng je vrije tijd door in meditatie.

Ik ken geen grotere blijdschap in de wereld dan de spirituele vreugde die Kriyayoga brengt. Ik zou het nooit opgeven, zelfs niet voor alle comfort van het Westen of al het goud van de wereld. Ik heb ontdekt dat het mogelijk is, door Kriyayoga, mijn geluk altijd bij me te dragen."

• • •

Uitspraken van Paramahansa Yogananda

De Meester schilderde veel onvergetelijke woordbeelden om een spiritueel punt te illustreren. Op een keer zei hij: "Je kunt het leven zo zien: je hebt buiten een picknick voorbereid en opeens komt er een beer die de tafel omver gooit en jij moet vluchten. Zo leiden mensen hun leven: ze werken voor een beetje plezier en veiligheid; dan komt de beer van ziekte, hun hart stopt en ze zijn weg.

Waarom zou je in zo'n toestand van onzekerheid leven? Onbelangrijke dingen hebben de voornaamste plaats ingenomen in je leven. Je laat allerlei bezigheden je tijd in beslag nemen en je tot slaaf maken. Hoeveel jaren zijn er zo al voorbijgegaan? Waarom zou je de rest van je leven voorbij laten glippen zonder spirituele vooruitgang? Als je vandaag het besluit neemt je door niets te laten tegenhouden, zul je de kracht krijgen alle hindernissen te overwinnen."

• • •

"Luie mensen kunnen God nooit vinden" zei de Meester. "Een passieve geest wordt de werkplaats van de duivel. Ik heb veel *sannyasis* [monniken] gezien die hun werk opgaven en armzalige bedelaars werden. Maar mensen die werken voor de kost zonder gehecht te zijn aan de vruchten van hun arbeid, die geen ander verlangen hebben dan God alleen, doen werkelijk afstand van de wereld. Het is heel moeilijk om deze onthechtheid in praktijk te brengen, maar als je God zo liefhebt dat alles wat je doet voor Hem is, dan ben je vrij. Als je denkt: 'Ik werk alleen voor God' wordt je liefde zo groot dat je geen andere gedachte en geen ander doel meer hebt dan Hem te dienen en te aanbidden."

Uitspraken van Paramahansa Yogananda

• • •

"Zie het altaar van God in de sterren, onder de aarde en achter je gevoelens" zei de Meester. "Hij, de vergeten Realiteit, is overal verborgen. Als je het pad standvastig volgt en dagelijks mediteert, zul je Hem zien, gekleed in een gouden mantel van licht dat zich uitspreidt over de eeuwigheid. Achter elke gedachte zul je Zijn gelukzalige aanwezigheid voelen.

Over God moet niet alleen maar gepraat worden. Velen hebben over Hem gesproken, velen hebben over Hem nagedacht, velen hebben over Hem gelezen. Maar slechts weinigen hebben Zijn vreugde geproefd. Alleen die weinigen kennen Hem. En als je Hem kent, sta je niet langer aan de kant in aanbidding. Je wordt één met Hem. Dan kun jij ook zeggen wat Jezus en alle andere Meesters hebben gezegd: 'Ik en mijn Vader zijn één.'"

• • •

De Meester zei: "Als je diep in het spirituele oog[46] duikt, zul je in de vierde dimensie[47] kunnen kijken die straalt van de wonderbaarlijke pracht van de innerlijke wereld. Het is niet gemakkelijk daar te komen, maar het is zo mooi! Neem geen genoegen met een beetje vrede dat je meditatie je brengt, maar blijf telkens opnieuw hunkeren naar Zijn vreugde. Fluister dag en nacht, terwijl anderen

---

[46] Zie verklarende woordenlijst.
[47] Zie 'astrale werelden' in de verklarende woordenlijst.

slapen of hun energie besteden aan het vervullen van verlangens: 'Mijn God, mijn God, mijn God!' En op een gegeven moment zal Hij door de duisternis heen breken en je zult Hem kennen. Deze wereld is lelijk vergeleken met de heerlijke wereld van de Geest. Verwijder alle obstakels die goddelijk inzicht in de weg staan door vastberadenheid, devotie en vertrouwen."

• • •

"In de kersttijd zijn er sterke vibraties van het Christusbewustzijn in de atmosfeer" zei de Meester. "Mensen die erop afgestemd zijn door hun devotie en door diepe wetenschappelijke meditatie, ontvangen de goddelijke vibraties. Het is spiritueel van het allerhoogste belang voor ieder mens dat hij, ongeacht zijn religie, deze 'geboorte' van de universele Christus in zichzelf ervaart.

De kosmos is zijn lichaam. Daarin is overal het Christusbewustzijn aanwezig. Als je je ogen kunt sluiten en door meditatie je bewustzijn kunt verruimen tot je het hele heelal ervaart als je eigen lichaam, dan is Christus in je geboren. Alle wolken van onwetendheid worden verdreven, achter het duister van gesloten ogen zie je het goddelijke kosmische licht.

Christus moet worden aanbeden in de waarheid: eerst in de geest, door meditatie; en vervolgens in de vorm, door zijn aanwezigheid zelfs in de materiële wereld waar te nemen. Mediteer op de werkelijke betekenis van de komst van Christus, en voel hoe zijn bewustzijn door de magneet van je devotie bij je naar binnen wordt getrokken. Dat is het echte doel van Kerstmis."

• • •

Balans is een sleutelwoord in de leer van Paramahansaji. Hij zei: "Als je diep mediteert, zal je geest zich steeds intenser tot God keren. Maar je mag je verplichtingen in de wereld niet verwaarlozen. Als je al je taken met een kalme geest leert uitvoeren zul je dingen vlugger, geconcentreerder en efficiënter kunnen doen. Je zult dan merken dat alles wat je doet, doordrongen is van het goddelijke bewustzijn. Die staat komt pas als je diep hebt gemediteerd en je je gedachten zo hebt leren beheersen dat ze zich op God richten zodra je klaar bent met je taken en als je het doet voor Hem alleen."

• • •

"Berouw betekent niet alleen dat je spijt hebt van een misstap maar ook dat je dezelfde fout niet opnieuw maakt" zei de Meester. "Wanneer je echt berouw hebt, besluit je het kwade af te zweren. Het hart is vaak heel hard; het wordt niet gemakkelijk geraakt. Maak het zacht met gebed. Dan komt goddelijke zegen."

• • •

"Laat je leiden door wijsheid" zei de Meester. "Verkeerde daden uit het verleden hebben zaden achtergelaten in je geest. Als je de zaden roostert in het vuur van wijsheid

Uitspraken van Paramahansa Yogananda

verliezen ze hun werking. Je kunt niet bevrijd worden voordat je het zaad van daden uit je verleden hebt verbrand in het vuur van wijsheid en meditatie. Als je het ongunstige effect van daden uit het verleden te niet wilt doen moet je mediteren. Wat je hebt gedaan kun je weer ongedaan maken. Als je geen spirituele vooruitgang boekt, moet je het steeds blijven proberen, hoe je ook op de proef wordt gesteld. Wanneer je huidige inzet sterker wordt dan het karma uit je verleden, ben je vrij."

• • •

Tijdens een voordracht zei Paramahansaji: "Christus heeft ieder van ons gezegd onze naaste lief te hebben zoals onszelf. Maar zonder de kennis van je ziel die de realisatie brengt dat alle mensen inderdaad 'onszelf' zijn, kun je dit gebod van Christus niet opvolgen. Voor mij is er geen verschil tussen mensen omdat ik elk mens als een kind van God zie. Voor mij is niemand een vreemdeling.

In New York City werd ik een keer ingesloten door drie overvallers. Ik zei: 'Willen jullie geld? Hier is het' en stak mijn portemonnee naar voren. Ik was in een staat van hoger bewustzijn. De mannen namen mijn portemonnee niet aan. Ten slotte zei een van hen: 'Het spijt ons. Dit kunnen we niet.' Toen renden ze weg.

Op een andere avond in New York, in de buurt van Carnegie Hall waar ik zojuist een voordracht had gegeven, kwam een man met een geweer op me af. Hij zei: 'Weet je dat ik je neer kan schieten?' 'Waarom?' vroeg ik kalm. Mijn

Uitspraken van Paramahansa Yogananda

gedachten waren bij God. 'Je spreekt over democratie.' Het was duidelijk dat hij psychisch gestoord was. We zwegen een tijdje en toen zei hij: 'Vergeef me. U hebt het kwaad van me weggenomen.' Vlug als een hert rende hij de straat uit.

Zij die afgestemd zijn op God kunnen het hart van mensen veranderen."

• • •

"Beweren dat de wereld een droom is zonder dat je in meditatie probeert deze waarheid zelf te ervaren, kan tot fanatisme leiden" zei de Meester. "Wijze mensen begrijpen dat, hoewel het sterfelijk leven een droom is, er wel droompijnen in voorkomen. Ze gebruiken wetenschappelijke methodes om te ontwaken uit die droom."

• • •

Toen de kapel op het hoofdkwartier van Self-Realization Fellowship werd opgeknapt, stelde een volgeling voor om in een nis een godslamp te plaatsen, een 'eeuwig brandend licht' dat aangestoken zou worden door Paramahansaji. De Meester zei: "Ik zou willen voelen dat de lamp van devotie voor God die ik in jullie hart heb ontstoken voor eeuwig brandt. Geen ander licht is nodig."

• • •

In 1951 liet Paramahansaji vaak doorschemeren dat zijn dagen op aarde ten einde liepen. "Meester" vroeg een volgeling ontdaan, "als we u niet meer kunnen zien, zult u

Uitspraken van Paramahansa Yogananda

dan even dichtbij zijn als nu?" De Meester glimlachte liefdevol en zei: "Wie mij in gedachten nabij is, zal ik altijd nabij zijn."

PARAMAHANSA YOGANANDA: EEN YOGI IN LEVEN EN DOOD

Paramahansa Yogananda ging in *mahasamadhi* (het definitieve, bewuste verlaten van het lichaam door een yogi) in Los Angeles, Californië, op 7 maart 1952, nadat hij een toespraak tijdens een diner dat werd gegeven ter ere van de ambassadeur van India, Zijne Excellentie H.E. Binay R. Sen, had beëindigd.

De grote wereldleraar demonstreerde de waarde van yoga (wetenschappelijke technieken om Godrealisatie te bereiken) niet alleen in zijn leven maar ook in zijn dood. Weken nadat hij was heengegaan lag op zijn onveranderde gezicht een goddelijke glans van onvergankelijkheid.

De heer Harry T. Rowe, directeur van het Mortuarium van het Forest Lawn Memorial Park in Los Angeles (waar het lichaam van de grote meester tijdelijk is bijgezet), heeft Self-Realization Fellowship een notarieel bekrachtigde brief gestuurd, waaruit de volgende passages zijn overgenomen:

'De afwezigheid van enige zichtbare tekenen van verval in het dode lichaam van Paramahansa Yogananda is het meest buitengewone geval dat ons bekend is ... Zelfs twintig dagen na zijn dood was er in zijn lichaam geen fysieke ontbinding te zien. Er was geen aanwijzing voor schimmel op zijn huid en er vond geen zichtbare uitdroging plaats in het lichamelijk weefsel. Voor zover we weten uit de verslagen van mortuaria is een dergelijke staat van perfecte conservering van een lichaam nog nooit eerder voorgekomen. Toen de medewerkers van het Mortuarium het lichaam van Yogananda ontvingen, verwachtten ze door het glazen deksel van de kist de gebruikelijke voortschrijdende tekenen van lichamelijk verval waar te nemen. Onze verbazing steeg toen dag na dag geen enkele zichtbare verandering in het lichaam was waar te nemen. Yogananda's lichaam verkeerde blijkbaar in een wonderbaarlijke staat van onvergankelijkheid.

Op geen enkel moment gaf het lichaam een geur van ontbinding af ... Het fysieke uiterlijk van Yogananda was op 27 maart, vlak voor het bronzen deksel op de kist werd geplaatst, precies hetzelfde als op 7 maart. Hij zag er op 27 maart even fris en onaangetast door verval uit als op de avond van zijn dood. Op 27 maart was er geen aanleiding te zeggen dat zijn lichaam ook maar enig zichtbaar fysiek verval had ondergaan. Om deze redenen verklaren wij opnieuw dat het geval van Paramahansa Yogananda uniek is in onze ervaring.'

DOELSTELLINGEN EN IDEALEN VAN SELF-REALIZATION FELLOWSHIP

Sri Mrinalini Mata, president

zoals opgesteld door Paramahansa Yogananda

Mensen over de hele wereld vertrouwd te maken met duidelijk omschreven, wetenschappelijke technieken die leiden tot directe, persoonlijke Godservaring.

Mensen te leren dat het doel van het leven is: met eigen inzet het beperkte, sterfelijke bewustzijn te verruimen tot Godsbewustzijn. Met dit doel wereldwijd tempels van Self-Realization Fellowship op te richten, waar mensen contact kunnen maken met God.

De mensen aan te sporen om in hun eigen huis en hart een tempel van God te vestigen.

Aan te tonen dat het oorspronkelijke christendom, zoals door Jezus Christus onderwezen, overeenstemt en in wezen één is met de oorspronkelijke yoga, zoals door Bhagavan Krishna onderwezen.

Te laten zien dat die gemeenschappelijke waarheid de wetenschappelijke basis vormt van alle ware religies.

Mensen de ene goddelijke hoofdweg te wijzen waar alle ware geloofsrichtingen uiteindelijk samenkomen: het pad van dagelijkse, wetenschappelijke meditatie op God.

Doelstellingen en Idealen van Self-Realization Fellowship

Mensen te bevrijden van hun drievoudige lijden: lichamelijke ziekte, psychische onevenwichtigheid en spirituele onwetendheid.

Aan te sporen tot eenvoudig leven en verheven gedachten. De geest van ware broederschap over de hele wereld te verspreiden door mensen te wijzen op de eeuwige basis van hun eenheid: verbondenheid met God.

Aan te tonen dat de geest superieur is aan het lichaam, en de ziel superieur aan de geest.

Het kwaad te boven te komen door het goede, verdriet door vreugde, wreedheid door zachtmoedigheid, onwetendheid door wijsheid.

Wetenschap en religie te verenigen door het besef dat ze op dezelfde principes berusten.

Cultureel en spiritueel begrip tussen het Oosten en het Westen te bevorderen door de uitwisseling van hun beste eigenschappen.

Dienstbaar te zijn aan de mensheid als zijn grotere Zelf.

Ook uitgegeven door Self-Realization Fellowship:

AUTOBIOGRAFIE VAN EEN YOGI
DOOR PARAMAHANSA YOGANANDA

Deze veelgeprezen autobiografie, gekozen tot een van de honderd beste spirituele boeken van de vorige eeuw, is een boeiend verslag van een uitzonderlijk leven en geeft tegelijkertijd een diepgaande en onvergetelijke kijk op de ultieme mysteries van het menselijk bestaan. Toen dit boek voor het eerst in druk verscheen werd het enthousiast ontvangen als een mijlpaal in de spirituele literatuur. Het is nog steeds een van de meest gelezen en gewaardeerde boeken die ooit is verschenen over de wijsheid van het Oosten.

Met innemende openhartigheid en humor vertelt Paramahansa Yogananda in een beeldende stijl de inspirerende kroniek van zijn leven: de ervaringen van zijn opmerkelijke jeugd, de ontmoetingen met vele heiligen en wijzen toen hij als jongeman door India trok op zoek naar een verlicht leraar; zijn tien jaar durende training in de hermitage van een vereerd yogameester en de dertig jaar dat hij in Amerika heeft geleefd en onderwezen. Ook doet hij verslag van zijn ontmoetingen met Mahatma Gandhi, Rabindrath Tagore, Luther Burbank, de katholieke stigmatica Therese Neumann en andere beroemde spirituele personen uit Oost en West. Bovendien bevat deze uitgave veel materiaal dat Paramahansa Yogananda heeft toegevoegd na de publicatie van de eerste uitgave in 1946, waaronder een slothoofdstuk over de laatste jaren van zijn leven.

Autobiografie van een yogi wordt beschouwd als een moderne spirituele klassieker die een diepgaande inleiding geeft in de eeuwenoude yogawetenschap. Het is in veel talen vertaald en wordt vaak in het curriculum op universiteiten en hogescholen gebruikt. Het boek is een blijvende bestseller die zijn weg heeft gevonden naar het hart van miljoenen lezers wereldwijd.

'Een uitzonderlijk verhaal'

— *De New York Times*

'Een fascinerend en duidelijk geannoteerd verslag'

— *Newsweek*

'Nog nooit eerder is in het Engels of in enige andere Europese taal een boek verschenen dat te vergelijken is met deze kennismaking met yoga.'

— *Columbia University Press*

VERKLARENDE WOORDENLIJST

Adem: 'De adem verbindt de mens met de schepping' schreef Yoganandaji. 'De toevloed van ontelbare kosmische stromen die via de adem de mens binnenkomen, veroorzaakt mentale rusteloosheid. Om te ontsnappen aan de voortdurende beweging in de werelden van de verschijnselen, en binnen te gaan in de oneindigheid van de Geest, leert de yogi door wetenschappelijke meditatie zijn adem tot rust te brengen.'

Astrale werelden: De prachtige werelden van licht en vreugde waar mensen met een zekere mate van spiritueel inzicht na hun dood heengaan voor verdere ontwikkeling. Nog hoger is de causale of ideeën-sfeer. Deze werelden worden beschreven in hoofdstuk 43 van *Autobiografie van een yogi*.

Aum of Om: De basis van alle geluid; het universele symboolwoord voor God. Het *Aum* uit de *Veda*'s (→ zie aldaar) werd het heilige woord *Hum* van de Tibetanen; het *Amin* van de Moslims en het *Amen* van de Egyptenaren, de Grieken, Romeinen, Joden en Christenen. *Amen* in het Hebreeuws betekent zeker, waarachtig. *Aum* is de alles doordringende klank die voortkomt uit de Heilige Geest (de onzichtbare Kosmische Trilling: God in zijn aspect van de Schepper); het 'Woord' uit de Bijbel; de stem van de schepping die getuigt van de Goddelijke Aanwezigheid in elk atoom. Aum kan worden gehoord door het beoefenen van de meditatietechnieken van Self-Realization Fellowship.

'Dit zegt het Amen, de betrouwbare en waarachtige getuige, het begin van de schepping van God.' (Openbaring 3:14) 'In het begin was het Woord en het woord was bij God en het Woord was God ... Alles is door hem [het Woord of *Aum*] geworden en zonder hem is niets geworden wat geworden is.' (Johannes 1:1-3)

Babaji: De guru van Lahiri Mahasaya (guru van Swami Sri Yukteswar, die op zijn beurt de guru was van Paramahansa Yogananda).

Verklarende Woordenlijst

Babaji is een onsterfelijke avatar die een verborgen leven leidt in de Himalaya. Zijn titel is *Mahavatar* ofwel 'Goddelijke Incarnatie'. Indrukken van zijn Christusachtige leven zijn te vinden in Paramahansa Yogananda's *Autobiografie van een yogi*.

Bhagavadgita ('Het lied van de Heer'): De Bijbel van de hindoes: heilige uitspraken van de Heer Krishna, duizenden jaren geleden verzameld door de grote wijze Vyasa. (→ zie 'Krishna').

Christusbewustzijn: De bewustzijnstoestand waarin men zich bewust is van de Geest in Zijn immanente aspect, aanwezig in elk atoom van de op trilling gebaseerde schepping.

Ego: Het ego-principe, *ahamkara* (lett. 'ik doe') is de oorsprong van het dualisme ofwel de schijnbare scheiding tussen de mens en zijn Schepper. *Ahamkara* brengt mensen onder de invloed van *maya* (→ zie aldaar) waardoor het subject (ego) schijnbaar optreedt als object; de schepselen verbeelden zich dat ze schepper zijn. Door het egobewustzijn te verdrijven wordt de mens zich bewust van zijn goddelijke identiteit, zijn eenheid met het enige Leven, God.

Goddelijke Moeder: 'Dat aspect van het ongeschapen Oneindige dat actief is in de schepping wordt in de hindoe geschriften de Goddelijke Moeder genoemd' schreef Paramahansaji. 'Van dit gepersonifieerde aspect van het Absolute kunnen we zeggen dat Ze ernaar 'verlangt' dat Haar kinderen zich rechtschapen gedragen en dat Zij hun gebeden beantwoordt. Mensen die zich niet kunnen voorstellen dat het Onpersoonlijke zich kan manifesteren in een persoonlijke vorm ontkennen in wezen Zijn almacht en de mogelijkheid van de mens om in verbinding te zijn met zijn Schepper. In de vorm van de Kosmische Moeder verschijnt de Heer in een levende en tastbare vorm aan echte *bhaktas* (die toegewijd zijn aan een Persoonlijke God). De Heer verschijnt aan Zijn heiligen in de vorm die hen het meest dierbaar is: een vrome christen ziet Jezus, een hindoe ziet Krishna of de Godin Kali of een zich uitbreidend Licht als hij God in Zijn onpersoonlijke aspect vereert.'

Uitspraken van Paramahansa Yogananda

Guru: De spirituele leermeester die de leerling naar God leidt. Een 'guru' is iets anders dan een 'leraar', en iemand kan dan ook veel leraren kan hebben maar slechts één guru.

Heilige Geest: → zie '*Aum*'

Illusie: → zie '*maya*'

Intuïtie: Het 'zesde zintuig'; het weten dat rechtstreeks en spontaan voortkomt uit de ziel, zonder tussenkomst van de feilbare zintuigen of het verstand.

Ji: Een achtervoegsel dat in India vaak als teken van respect wordt toegevoegd aan een naam. Paramahansa Yogananda wordt daarom in dit boek soms Paramahansaji of Yoganandaji genoemd.

Kali: Mythologische hindoe godin die wordt afgebeeld als een vrouw met vier handen. Eén hand symboliseert de scheppende krachten van de Natuur; de tweede hand staat voor de kosmische krachten van het in stand houden; de derde hand is een symbool van de zuiverende krachten van vernietiging. Haar vierde hand is uitgestrekt in een gebaar van zegening en verlossing. Op deze manieren roept ze alles in de schepping terug naar zijn goddelijke bron. De godin Kali is een symbool of een aspect van de Goddelijke Moeder. (→ zie aldaar)

Karma: De evenwicht brengende wet van karma die wordt uiteengezet in de hindoe geschriften is de wet van actie en reactie, oorzaak en gevolg, zaaien en oogsten. De natuurlijke gerechtigheid zorgt ervoor dat elk mens door zijn gedachten en handelingen zijn eigen lot vormgeeft. De krachten die hijzelf door zijn wijze of dwaze gedachten in werking heeft gezet moeten terugkeren zoals een cirkel die zich onverbiddelijk sluit. 'De wereld is als een wiskundige formule die altijd zijn evenwicht bewaart, in welke richting je hem ook aanwendt. Elk geheim wordt verteld, elke misdaad gestraft, elke deugd beloond, elk onrecht goedgemaakt, in stilte en onontkoombaarheid.' (Emerson, in *Compensation*) Door karma te begrijpen als de wet van rechtvaardigheid kan de mens zich bevrijden van rancune tegen God en mensen. (→ zie 'reïncarnatie')

Verklarende Woordenlijst

Kosmisch bewustzijn: De bewustzijnstoestand waarin men zich bewust is van de Geest in Zijn transcendente aspect, de eindige schepping overstijgend.

Krishna: Een avatar die drie duizend jaar voor Christus in India leefde. Zijn goddelijke raad in de *Bhagavadgita* (→ zie aldaar) wordt door ontelbare Godzoekers vereerd. In zijn jonge jaren was hij een koeherder die zijn kameraadjes in verrukking bracht met de muziek van zijn fluit. Allegorisch gezien staat Krishna symbool voor de ziel die de fluit van meditatie speelt om alle misleide gedachten terug te leiden naar het thuis van alwetendheid.

Kriyayoga: Een eeuwenoude in India ontwikkelde wetenschap die gebruikt wordt om God te vinden. Haar techniek wordt vermeld en geprezen door Krishna in de *Bhagavadgita* en Patanjali in de *Yogasutras*. Deze bevrijdende wetenschap die de beoefenaar naar kosmisch bewustzijn leidt, wordt onderwezen aan SRF leden.

Lahiri Mahasaya (1828-1895): De guru van Sri Yukteswar (→ zie aldaar*)* en leerling van Babaji (→ zie aldaar*).* Lahiri Mahasaya bracht de eeuwenoude wetenschap van yoga terug, nadat deze bijna verloren was gegaan. De praktische technieken gaf hij de naam Kriyayoga. Hij was een Christusachtige leraar met wonderbaarlijke vermogens; hij was ook huisvader met wereldse verantwoordelijkheden. Het was zijn missie bekendheid te geven aan een vorm van yoga die geschikt is voor de moderne mens waarin meditatie en een goede vervulling van wereldse verantwoordelijkheden met elkaar in evenwicht zijn. Lahiri Mahasaya was een *Yogavatar* ofwel 'Incarnatie van yoga'.

Maya: Kosmische illusie; letterlijk 'de metende'. *Maya* is de magische kracht in de schepping waardoor er begrenzingen en scheidingen aanwezig lijken te zijn in het Onmeetbare en het Ondeelbare. Sri Yogananda schreef in *Autobiografie van een yogi:* 'Het is niet zo dat alleen de *rishi*'s (hindoe wijzen) de waarheid omtrent *maya* kenden. De profeten uit het Oude Testament noemden *maya* 'Satan' (in het Hebreeuws letterlijk 'de tegenstander'). Satan ofwel *Maya* is de Kosmische Magiër die een veelheid van vormen

Uitspraken van Paramahansa Yogananda

schept om de Ene Vormloze Waarheid te verbergen. De enige bedoeling van Satan is de aandacht van de mens af te leiden van Geest naar materie. Christus beschreef Satan op beeldende wijze als een duivel, een moordenaar en een leugenaar: 'De duivel ... was een moordenaar van begin af aan en hij bevindt zich niet in de waarheid, omdat er in hem geen waarheid is. Wanneer hij leugentaal spreekt, spreekt hij uit het zijne, want hij is een leugenaar en de vader ervan.' (Johannes 8:44).

Mount Washington: Het internationale hoofdkwartier van Self-Realization Fellowship (Yogoda Satsanga Society of India) dat Paramahansa Yoganada in 1925 heeft gevestigd in Los Angeles. Het centrum ligt op een heuvel en kijkt uit over het hart van Los Angeles en beslaat 7,5 ha. In het hoofdgebouw (zie foto tegenover pagina 87) worden de kamers van Gurudeva Paramahansa Yogananda als heiligdom in stand gehouden. Vanuit dit Moedercentrum zorgt Self-Realization Fellowship voor de verspreiding van de leer van Paramahansa Yogananda onder haar leden in de vorm van schriftelijke lessen, en voor de publicatie van zijn andere geschriften en lezingen via een groot aantal boeken en het driemaandelijkse tijdschrift, *Self-Realization*.

Nirbikalpa samadhi: De hoogste staat van *samadhi* waarin een mens onherroepelijk met God verenigd is. Dit stadium wordt voorafgegaan door *sabikalpa samadhi* dat wordt gekenmerkt door trance, lichamelijke onbeweeglijkheid.

Paramahansa: Een religieuze titel die verwijst naar iemand die meester is over zichzelf. Hij wordt aan een discipel verleend door zijn guru. *Paramahansa* betekent letterlijk 'allerhoogste zwaan'. In de hindoe geschriften wordt de zwaan gebruikt als een symbool van spiritueel onderscheidingsvermogen.

Reïncarnatie: De in de hindoe geschriften uiteengezette leer dat de mens steeds opnieuw op deze aarde wordt geboren. De cyclus van reïncarnatie is voltooid wanneer de mens bewust zijn status als zoon van God herwint. 'Wie overwint, hem zal Ik maken tot een zuil in de tempel van mijn God en hij zal nooit meer naar buiten gaan.'

Verklarende Woordenlijst

(Openbaring 3:12) Kennis van de wet van karma, en het uitvloeisel daarvan: reïncarnatie, is impliciet aanwezig in veel bijbelteksten. De leer van reïncarnatie was in de vroege christelijke kerk een geaccepteerde leer, die uiteen gezet werd door de gnostici en door talrijke kerkvaders waaronder Clemens van Alexandrië, de veelgeprezen Origenes en de vijfde-eeuwse St. Hieronymus. De theorie werd pas tot ketterij verklaard bij het Tweede Concilie van Constantinopel in het jaar 553 na Christus. In die tijd vonden veel christenen dat de leer van reïncarnatie mensen te veel tijd en ruimte bood waardoor ze niet werden aangespoord te streven naar directe verlossing. Tegenwoordig is de theorie van karma en reïncarnatie bij veel Westerse denkers geaccepteerd. Ze zien er de wet van rechtvaardigheid in die ten grondslag ligt aan de ogenschijnlijke ongelijkheid van het leven. (→ zie 'karma')

Sadhu: Iemand die een *sadhana* of pad van spirituele discipline volgt; een asceet.

Samadhi: Het bovenbewustzijn. *Samadhi* wordt bereikt door het achtvoudige yogapad te volgen waarvan *samadhi* de achtste stap ofwel het einddoel is. Wetenschappelijke meditatie, de juiste toepassing van yogatechnieken die in oude tijden zijn ontwikkeld door de wijzen van India, leidt de devotee naar *samadhi* of Godrealisatie. Zoals een golf opgaat in de zee, wordt de menselijke ziel zich van zichzelf bewust als alomtegenwoordige Geest.

Sat-Tat-Aum: Vader, Zoon en Heilige Geest; ofwel, God als transcendent of *nirguna,* 'zonder eigenschappen' – het Kosmische Bewustzijn in gelukzalige leegte voorbij de wereld van de verschijnselen; God als het Christusbewustzijn, overal in de schepping aanwezig; en God als *Aum* (→ zie aldaar*),* de Goddelijke Scheppende Trilling.

Self-Realization Fellowship (SRF): Een non-profit, niet-sektarische religieuze en educatieve organisatie, in 1920 in Amerika gesticht door Paramahansa Yogananda. Haar zusterorganisatie in India is de Yogoda Satsanga Society (YSS), gesticht door Paramahansa Yogananda in 1917.

Uitspraken van Paramahansa Yogananda

Self-Realization Orde: de religieuze orde van Self-Realization Fellowship, gesticht door Paramahansa Yogananda. Na een periode van training kunnen devotees die hiervoor in aanmerking komen monnik of non worden in de Orde. Ze leggen geloftes af van eenvoud (onthechting van bezit), celibaat, gehoorzaamheid (bereidheid de door Paramahansa Yogananda gegeven leefregels te volgen) en trouw (zich wijden aan het dienen van Self-Realization Fellowship, de organisatie die door Paramahansa Yogananda werd gesticht). Doordat de orde teruggaat op Paramahansaji, die behoorde tot de Giri-tak van de eeuwenoude hindoe religieuze orde die werd gesticht door Swami Shankaracharya, behoren monniken en nonnen van de Self-Realization Orde die hun definitieve geloften afleggen ook tot die eeuwenoude orde van Shankara. (→ zie 'Swami')

Spirituele oog: het 'enkelvoudige' oog van wijsheid, de pranische stervormige deur waardoor de mens binnen moet gaan om kosmisch bewustzijn te bereiken. De methode om door de heilige deur binnen te gaan wordt geleerd aan leden van Self-Realization Fellowship.
'Ik ben de deur. Als iemand door Mij binnengaat, zal hij worden gered; hij zal in- en uitgaan en hij zal weide vinden.' (Johannes 10:9) 'Wanneer uw oog enkelvoudig is, is heel uw lichaam verlicht. Zie dus toe, dat het licht in u geen duisternis is.' (Lucas 11:34-35)

SRF lessen: Schriftelijke lessen, samengesteld uit de leer van Paramahansa Yogananda die iedere twee weken worden verstuurd naar leden en studenten van Self-Realization Fellowship.

Sri Yukteswar (1855-1936): De grote guru van Paramahansa Yogananda. Paramahansa Yogananda noemde zijn meester *Jnanavatar* of 'Incarnatie van wijsheid'.

Swami: Een lid van India's oudste religieuze orde, in de achtste eeuw gereorganiseerd door Swami Shankaracharya. Een swami legt de formele geloften af van celibaat en het opgeven van wereldse ambities. Hij wijdt zich aan meditatie en dienstbaarheid aan

Verklarende Woordenlijst

de mensheid. Er zijn tien titels waarmee de Swami-orde wordt onderverdeeld, zoals *Giri, Puri, Bharati, Tirtha, Saraswati* en andere. Swami Sri Yukteswar (→ zie aldaar) en Paramahansa Yogananda behoorden tot de tak *Giri* ('berg').

Veda's: De vier heiligste teksten van de hindoes: *Rigveda, Samaveda, Yajurveda* en *Atharvaveda*. Deze teksten waren oorspronkelijk bedoeld om gezongen en voorgedragen te worden. Van de enorme hoeveelheid Indiase geschriften zijn de *Veda*'s (afgeleid van de Sanskriet stam *vid*, weten) de enige waarvan het auteurschap aan niemand wordt toegeschreven. De *Rigveda* kent een hemelse oorsprong toe aan deze hymnen en vertelt dat ze afkomstig zijn uit eeuwenoude tijden, gehuld in nieuwe taal. De *Veda*'s zijn tijdperk na tijdperk altijd weer op goddelijk wijze geopenbaard aan de *rishi*'s ('zieners'), en worden zo geacht *nityatva* ('tijdloze waarheid') te bezitten.

Yoga: Letterlijk 'eenwording' van de mens met zijn Schepper door het toepassen van wetenschappelijke technieken voor Zelfrealisatie. De drie hoofdwegen zijn *Jnanayoga* (wijsheid), *Bhaktiyoga* (devotie) en *Rajayoga* (de 'koninklijke' of wetenschappelijke weg, waartoe de technieken van *Kriyayoga* behoren). De oudste nog bestaande tekst over deze heilige wetenschap zijn de *Yogasutra*'s van Patanjali. Het is onbekend wanneer Patanjali leefde maar er zijn geleerden die hem in de 2e eeuw voor Christus plaatsen.

Yogi: Iemand die yoga beoefent. Dit hoeft niet per se iemand te zijn die formeel afstand heeft gedaan van de wereld; een yogi beoefent elke dag trouw zijn wetenschappelijke technieken voor Godrealisatie.

Yogananda: De monastieke naam Yogananda is een combinatie van twee woorden en betekent 'gelukzaligheid (*ananda*) door eenwording met God (*yoga*)'.

BOEKEN IN HET NEDERLANDS DOOR PARAMAHANSA YOGANANDA

Autobiografie van een yogi

De wet van het succes

Intuïtie:
Leiding vanuit de ziel bij beslissingen in het leven

Uitspraken van Paramahansa Yogananda

Waarom God het kwaad toelaat
en hoe je het kunt ontstijgen

BOEKEN IN HET ENGELS DOOR PARAMAHANSA YOGANANDA

Verkrijgbaar in de boekhandel of direct van de uitgever:

Self-Realization Fellowship
3880 San Rafael Avenue • Los Angeles,
California 90065-3219, U.S.A.
Tel (001 323) 225-2471 • Fax (001 323) 225-5088
www.yogananda-srf.org

Autobiography of a Yogi

The Second Coming of Christ:
The Resurrection of the Christ Within You
(Een onthullend commentaar op de oorspronkelijke leer van Jezus)

God Talks with Arjuna: The Bhagavad Gita
(Een nieuwe vertaling met commentaar)

Man's Eternal Quest
(Deel I van Paramahansa Yogananda's lezingen
en informele voordrachten)

The Divine Romance
(Deel II van Paramahansa Yogananda's lezingen,
informele voordrachten en essays)

Journey to Self-Realization
(Deel III van Paramahansa Yogananda's lezingen
en informele voordrachten)

Wine of the Mystic:
The Rubaiyat of Omar Khayyam — A Spiritual Interpretation
(Een geïnspireerd commentaar dat de mystieke wetenschap van de
verbinding met God, zoals verborgen achter de enigmatische beeldtaal van de Rubaiyat, aan het licht brengt)

Where There Is Light:
Insight and Inspiration for Meeting Life's Challenges

Whispers from Eternity
(Een verzameling van Paramahansa Yogananda's gebeden en goddelijke ervaringen in de hogere meditatiefasen)

The Science of Religion

The Yoga of the Bhagavad Gita:
An Introduction to India's Universal Science of God-Realization

The Yoga of Jesus:
Understanding the Hidden Teachings of the Gospels

In the Sanctuary of the Soul:
A Guide to Effective Prayer

Inner Peace:
How to Be Calmly Active and Actively Calm

To Be Victorious in Life

Why God Permits Evil and How to Rise Above It

Living Fearlessly:
Bringing Out Your Inner Soul Strength

How You Can Talk With God

Metaphysical Meditations
(Meer dan 300 inspirerende overdenkingen,
gebeden en affirmaties)

Scientific Healing Affirmations
(Paramahansa Yogananda's diepgaande uitleg waarom
en hoe affirmaties effectief kunnen zijn)

Sayings of Paramahansa Yogananda
(Een verzameling van uitspraken en wijze raad gebaseerd op
Paramahansa Yogananda's eerlijke en liefdevolle antwoorden aan
wie zich tot hem wendden om ondersteuning)

Songs of the Soul
(Mystieke poëzie van Paramahansa Yogananda)

The Law of Success
(Een uitleg van de dynamische principes hoe je je doelen in het
leven kunt bereiken)

Cosmic Chants
(Engelse tekst en muziek bij 60 devotionele liederen; met een
inleiding waarin uitgelegd wordt hoe chanting kan leiden tot de
ervaring van Gods nabijheid)

AUDIO OPNAMEN VAN PARAMAHANSA YOGANANDA

Beholding the One in All

The Great Light of God

Songs of My Heart

To Make Heaven on Earth

Removing All Sorrow and Suffering

Follow the Path of Christ, Krishna, and the Masters

Awake in the Cosmic Dream

Be a Smile Millionaire

One Life Versus Reincarnation

In the Glory of the Spirit

Self-Realization: The Inner and the Outer Path

ANDERE PUBLICATIES VAN SELF-REALIZATION FELLOWSHIP

Een volledige catalogus met alle publicaties en audio opnamen van Self-Realization Fellowship is verkrijgbaar op verzoek

The Holy Science
door Swami Sri Yukteswar

Only Love:
Living the Spiritual Life in a Changing World
door Sri Daya Mata

Finding the Joy Within You:
Personal Counsel for God-Centered Living
door Sri Daya Mata

God Alone:
The Life and Letters of a Saint
door Sri Gyanamata

"Mejda":
The Family and the Early Life of Paramahansa Yogananda
door Sananda Lal Ghosh

Self-Realization
(een kwartaaltijdschrift, in 1925 opgezet
door Paramahansa Yogananda)

SELF-REALIZATION FELLOWSHIP LESSEN

De wetenschappelijke meditatiemethoden die door Paramahansa Yogananda onderricht werden, inclusief Kriyayoga — samen met zijn richtlijnen over alle aspecten van een uitgebalanceerd spiritueel leven — worden gegeven in de *Self-Realization Fellowship Lessons*. Voor verdere informatie kunt u het gratis boekje *Undreamed-of Possibilities* aanvragen. Dit is verkrijgbaar in het Engels, Spaans en Duits.

www.ingramcontent.com/pod-product-compliance
Lightning Source LLC
Chambersburg PA
CBHW020006050426
42450CB00005B/339